授業づくりサポー

授業の腕をあげる

スキル

高橋 朋彦
古舘 良純 著

明治図書

はじめに

今でも覚えています。私の初任時代に特に苦労したのが毎日の授業でした。

小学校の授業で教える科目は……

国語・社会・算数・理科・生活・音楽・図工・家庭・体育・英語・道徳・総合的な学習の時間・特別活動……

文字にすると，その多さに目が飛び出るほど驚きます。私が大学生の時に専攻していたのは「算数」です。算数の授業づくりなら，学生時代に何度かしたことがあったので自分の力で授業準備ができたのですが，他の教科は右も左もわからず，手探り状態でした。

しかも，
- 教材研究をしても同じ授業ができるのは１回だけ
- 科目によって得意不得意がある
- そもそも教材研究をする時間がなかなか取れない

など，困難な毎日の授業をさらに困難にする状態だったので，毎日の授業はなんとか「乗り切る」状態でした。そんな状態ですので，成果のあがる授業なんてできるはずもありません。

そんな中，先輩に教えてもらったり，自分で試行錯誤を繰り返したりする中で，少しずつ手応えのある手法を手にすることができるようになってきました。

すると，十分な授業準備の時間が確保できない時でも少しずつ成果のあがる授業ができるようになってきました。

しっかりと授業準備ができた時は，以前よりも手応えのある授業になってきました。

どの教科でも，ちょこっと知っているだけでじわじわと効果の出るような授業者を助けてくれるスキルがたくさんあります。

今回は全教科のちょこっとスキルを69個集めました。

私も古舘も，得意な教科もあれば，そうでない教科もあります。そんな私たちだからこそ，あえて全教科のちょこっとスキルを集めることにしました。

それは，私たちが苦労しながら学んだり，試行錯誤を繰り返したりすることで身につけられたスキルだからこそ，みなさんの困り感に寄り添えるスキルになりうるかもしれないと考えたからです。

私たちのちょこっとスキルが，毎日行われる多くの授業にそっと寄り添えるスキルになれば嬉しいです。

それでは，ともに学んでいきましょう！

髙橋　朋彦

目次

第1章　授業の腕をあげる3つのポイント

第2章　授業の腕をあげる「全教科」スキル69

国語

社会

算数

理科

生活

音楽

第1章

授業の腕をあげる
3つのポイント

check

ポイント
1

「全教科」を教える

「小学校は全教科を教えなければならないから大変。」

誰もが一度は耳にしたり，口にしたりしたことがある言葉だと思います。専門的に学んできた教科を教えるならばいいのですが，不得意な教科も教えなければなりません。

私の場合，体育が苦手です。

私が小学生の時に受けたマット運動の授業では，前転や後転はできるものの，側転や前方転回などの技になると，全くできませんでした。私は，できないことが恥ずかしく，いつも陰でコソコソしていたように感じます。

マット運動ができない教員でも体育指導をしなくてはなりません。

ですので，私が受けた教員採用試験の科目には「マット運動」がありました。

側転がうまくできない私。実技試験の練習をしている時に，体育専門の先輩が私に，

「側転は，床についた両手の少し上を見るときれいに回れるんだよ。」

と教えてくださいました。教えていただいたように回ると，なんと，私でも側転をすることができたのです！

ちょっとしたコツを教えていただいただけで，側転に困っていた私は悩みを解決することができました。この時に教えていただいたことは，体育の苦手な私が今でも指導で使わせていただいています。

先輩からしたら，いつもの当たり前のように意識しているちょこっとしたコツを私に教えただけかもしれません。しかし，私にとっては，私の教員採用試験だけでなく，授業の手助けにもなるスキルとなったのです。

本書では，

- 授業の仕方のコツや工夫
- 子どもへの指導のポイント
- 評価につなげるための心がけ

などを全教科に渡ってまとめさせていただきました。

小学校には教えなければならない数多くの教科があります。それが得意であれ不得意であれ，私たちは授業をしなければなりません。毎日の忙しい業務の中で成果のあがる授業をすることは，本当に困難なことです。

しかし，私が先輩からちょこっと教えていただいたスキルが大きな助けになったように，皆さんの困難の助けになるようなちょこっとしたスキルは，まだまだたくさんあると思います。本書は，皆さんの困り感に寄り添い，いつも行っている授業が今よりさらに充実した授業になるようにと，願いを込めて69個のちょこっとスキルをまとめあげました。ご紹介したちょこっとスキルが，みなさんの困っていることに少しでも寄り添うことができれば嬉しいです。

check

授業者が「わくわく」する

毎日の授業が辛い。そんな思いで教室に向かうことはないでしょうか。

私たちの心中は，もしかしたら「どんより」しているのかもしれません。

そのままの状態で子どもたちに「教えよう」と意気込むと，どうしても授業が固くなってしまうことがあります。それでも私たちは，「教えなきゃ，理解させなきゃ……」と焦り，頭でっかちな授業に陥ります。

そんなガチガチな状態でスキルを発動したところで，不発に終わってしまうのは目に見えているでしょう。

すると，「あのスキルは使える」「このスキルは使えない」のように，スキルの取捨選択が行われ，自分に合うものを手当たり次第に探そうとします。

ここまで書くとおわかりかと思いますが，実は「スキルが使えるか否か」という議論は不毛です。どのスキルにも効果があるからです。

実は，スキルの発動が不発に終わってしまうのは，授業者がスキルの効果を引き出しきれていないことにあります。

やはり，授業者である私たちが「わくわく」していることが，スキルの効果を引き出す何よりの条件ではないでしょうか。

例えば，身体がリラックスしていること。

例えば，笑顔で子どもたちの前に立つこと。

例えば，声が自然なトーンで出せること。

当たり前のことですが，やはりちょこっとスキルはこうした身体状況の時に効果を発揮すると感じています。

教師の「わくわく感」というのは，実は目に見えるのです。

その上で，全教科スキルを発動させてみてください。

きっと，授業がちょこっと上向きになると思います。

そうは言っても，スキルを選んで使おうと思う時，どうしてもドキドキすると思います。「いつ使おうか」「どのタイミングで出そうか」「うまくいくかな」と，不安や心配が先行してしまうことがあるでしょう。

そんな時は，決まって「子どもたちを変えよう」とか「これで授業がうまくいく」など，大人の都合を優先して物事を考えています。

効率のよさだけを追求したり，自分が楽するためだけに授業を考えている場合があります。

授業者が「わくわく」するのは，「子どもたちの成長」を願うことと一緒です。

子どもたちが授業で輝いたり，生き生きしたりする様子をイメージするからこそ，私たちは「わくわく」するのです。

本書は，子どもたちの実際の様子を惜しむことなく載せています。

ぜひ，教室の子どもたちのことをイメージしながら，同じような様子を思い浮かべて授業にスキルを導入してみてください。

「わくわく」に勝る教育技術はありません。

check

ちょこっとスキルは「身の回り」にある

本書を読み進めると，

「このスキル知ってるよ。」

「あ，自分の知っているスキルだ！」

「そういえば，あの人もこのスキルを使っていたなぁ。」

と，思うことがたくさんあるでしょう。そうです。ちょこっとスキルは誰もが使い，私たちの身の回りにたくさんあるものなのです。

そんな誰もがどこでも使っているちょこっとスキルです。他の人から学ぼうと思えばいつでも手に入れられそうなものですが，なかなか手に入るものではありません。

それは，私たちが他の方の授業を参観する機会がほとんどないからだと考えます。

国語も算数も理科も社会も英語も生活も，音楽も図工も道徳も学活も総合的な学習の時間も，周りから学ぼうとしても，私たち自身も授業をしなければなりません。また，空き時間があったとしても，それは膨大な学級事務をこなすための時間にしなければならないことがほとんどです。授業を参観して学ぶ時間をつくることはなかなかできません。

ですので，身近にたくさんあるかもしれない，とても便利なちょこっとスキルを手に入れることはなかなか難しいものになってしまっています。

そんな，ちょこっとスキルですが，私と古舘は次のようにして自分たちのものにしてきました。

①目の前の困っていることを見つける。
②困っていることの解決方法を「考える」または「相談する」。
③実践する。
④工夫・改善をする。

ちょこっとスキルがみなさんのお役に立てるよう，本書は次のような構成で書かれています。

■こんなことありませんか？
■スキルの使用例
■ちょこっとスキル
■なんのためのスキル？

成果をあげるために大切にしていることが「なんのためのスキル？」です。なんのためにスキルを用いるのか理由を明確にすることで，同じスキルでもスキルの効果が大きく変わってきます。

こう書くと，なんだかすごいスキルのように感じますが，そんなことはありません。読者のみなさんの周りにもたくさんあります。自分が困っていることを見つけた時は，ちょこっとスキルを手に入れるチャンスです。本書が，みなさんの周りにある数多くのちょこっとスキルとの出会いにもお役に立つことができたら嬉しいです。

それでは，ともに学びましょう。よろしくお願いします。

第2章

授業の腕をあげる「全教科」スキル69

朗読が上手になる
「教科書の読み方手本」

こんなことありませんか？

「朗読が全然うまくならない。」

何度も教科書の朗読をさせるのですが，なかなかうまくならなくて困ったことはありませんか？　そんな時は，教師が朗読の手本を示し，すぐに一緒に朗読をして真似させて練習してみてはいかがでしょう？

スキルの使用例

授業で詩の朗読をさせます。緩急をつけたり，間をとったりさせたいのですが，何度声を出させてもうまくなりません。そんな時には，このスキル。

「緩急をつけて読みます。こうやって読んでね。」

（手本を示す）

「先生の声に合わせて一緒に読んでみましょう。」

（教師の声を聞きながら読ませる）

「声の大きさにもっと差がつくといいなぁ。もう一度先生の声に合わせて読みましょう。」

（教師の声を聞かせながら読ませる）

「いいですね！　今度はみなさんだけで読んでみましょう。」

（子どもだけで読ませる）

この後，列読みや個人読みの練習をすることで朗読が上達しました。

ここは少しゆっくり読みます。

先生と一緒に読んでみましょう。

ちょこっとスキル

❶教師が解説をしながら手本を見せる。
❷教師の声を聞かせながら一緒に読む。
❸改善点を伝え，うまくなるまで一緒に読む。
❹うまくなったら子どもだけで読んでもらう。

なんのためのスキル？

・朗読のポイントを明確にして練習するため。

正確な読み取りにつながる
「意見は教科書の言葉を使って」

こんなことありませんか？

「なぜ，主人公はこんなことをしたんだろう？」
と発問をすると，子どもたちは感覚的な解釈ばかりを無根拠に答えてしまい，正確な読み取りにつながっているとは言い難いことがあります。そんな時は，教科書の言葉を使って答えさせてみてはいかがでしょうか？

スキルの使用例

4年生国語「ごんぎつね」の学習をします。

「ごんは，なぜ兵十につぐないをしたんだろう？」
と，子どもに発問すると，

「おばあちゃんが死んで可哀想だと思ったから。」

「兵十に喜んでもらいたいから。」
という意見が返ってきました。確かにそれっぽい意見ですが，根拠がありません。そこで，このスキル。

「教科書の言葉を使って答えましょう。」
すると，

「○ページの『おれと同じひとりぼっちの兵十か』から，ごんはひとりぼっちの兵十に同情したからだと思います。」
という答えが返ってきました。

教科書に
書かれた言葉で
答えましょう。

教科書○ページの……。

ちょこっとスキル

❶教師が発問をする。

❷「教科書に書かれた言葉を使って～」という言葉をキーワードにして書いたり発表したり話し合ったりする活動をさせる。

❸「教科書のどこに書かれているか」もわかるように書いたり発表したり話し合ったりさせる。

なんのためのスキル？

・根拠を明確にして思考させるため。

漢字の構成を学べる
「コピー用紙で漢字指導」

こんなことありませんか？

漢字の意味や読み方を教える際，漢字を部分に分けて指導することがあります。黒板に漢字を書いて指導をしても大切なポイントに着目させることはなかなか難しいものです。

そんな時は，コピー用紙を使って漢字の指導をしてみてはいかがでしょう？

コピー用紙を切って漢字を部分ごとに書けば，指導したいポイントに着目させやすくなります。また，簡単に組み合わせを換えることができるので，似た漢字の指導もすることができます。

スキルの使用例

国語の部首を指導します。同じ部首を使う漢字を紹介するために，コピー用紙を切って部分ごとに提示しました。

T「日へんの漢字には，どんな漢字がありますか？」

C「つくりを『青』にすると『晴』になるよ！」

C「『音』をつけると『暗』だね！」

C「『月』をつけると『明』になるよ！」

子どもたちは，へんとつくりの組み合わせを換えながら，漢字の構成について学習を進めることができました。

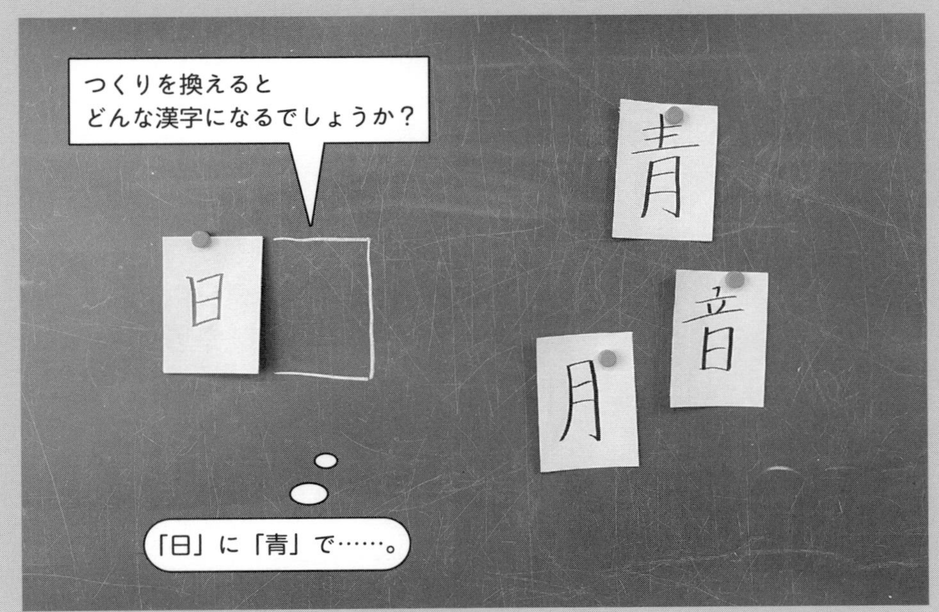

ちょこっとスキル

❶Ａ４サイズのコピー用紙をＡ５サイズに切る。

❷漢字の構成に適した形に切る（写真はＡ５を縦半分に切ったもの）。

❸構成を意識して漢字を書く。

※組み合わせを換えたり，子どもに書いてもらったりなど，授業の展開に合わせて工夫した使い方ができます。

なんのためのスキル？

- ポイントに着目させるため。
- 工夫した授業展開にするため。

自主的に調べるようになる「机上に辞書を」

こんなことありませんか？

子どもたちから「先生，○○って漢字でどう書くんですか？」「先生，それってどういう意味ですか？」と聞かれることはありませんか？

その度に，「それはこう書くよ。」「それはこういう意味だよ。」と説明してあげると，子どもたちは大変嬉しそうに聞いてくれます。

しかし，毎回そうしたリクエストに答えてばかりでは，子どもたちは自分で調べる癖がつかず，私たちの時間がいくらあってもたりません。

子どもたちが知りたい時に，調べられる仕組みをつくりたいものです。

スキルの使用例

毎時間に辞書を引かせるようにします。漢字を尋ねられた時は，「辞書を引いたらわかると思うよ。」「辞書を借りて調べてごらん。」と伝えます。

また，授業中に出てきた言葉は即時調べるようにし，その場で子どもたちと確認するようにします。

子どもたちにとってみれば「教えてもらえなかった。」という対応になり，時に「先生，ケチ。」と言われることもありますが，時間を取ってなぜ辞書を引いてほしいのかを説明すると納得して調べるようになります。

そのうち，アンテナに引っかかった言葉は子どもたちが自由に調べるようになります。

漢字や言葉を調べよう。

調べる癖をつけよう。

常に机上に置いておく。

ちょこっとスキル

❶辞書を机上に準備させる（場合によっては机横の手提げ袋でもよい）。

❷漢字や言葉を即時調べるようにさせる。

❸自分で進んで辞書を使うようにさせる。

なんのためのスキル？

- 子どもたちが自分の関心に合わせて調べられるようにするため。
- 教師の出番を減らしていくため。

記述問題ができるようになる「文字数制限ノート」

こんなことありませんか？

テストの自由記述問題を「空欄」で提出する子が多い。そんなことはありませんか？

「書き抜きなさい」のような問題は書けても，「立場を決めて」や「〇〇という言葉を使って」という記述問題は，なかなか書けません。

そこに対する指導が行き届かないまま学力調査に臨むと，文字制限のある出題に対して「空欄」が生まれてしまうのです。

スキルの使用例

子どもたちのノートをコピーし，20文字，30文字，50文字，100文字，200文字ごとに太く囲みます。そして，最後のマスに「20」「100」などと，その枠の文字数を記載します。

印刷機で200枚ほど刷り，裁断機で文字数ごとの束を作っていきます。

最初の授業では初発の感想を100文字で書かせたり，授業後半のまとめでは50文字で要約させたりします。

文字数を制限することで，漢字を使う頻度が増したり，余計な言葉を削って推敲したりするなど，子どもたちの作文調整力が身につきます。

日頃から文字数を意識して取り組むことで，テストでもその力を発揮できます。

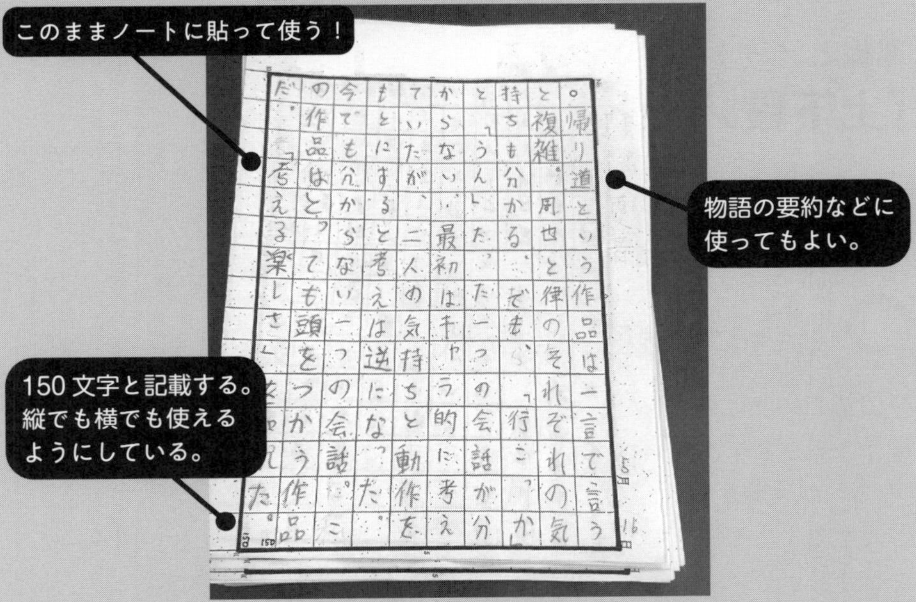

このままノートに貼って使う！

物語の要約などに使ってもよい。

150文字と記載する。縦でも横でも使えるようにしている。

ちょこっとスキル

❶文字数を記載して裁断しておく。

❷感想や要約など，授業の場面に合わせて使う。

❸ノートに貼って授業の足跡にする。

なんのためのスキル？

- 子どもたちの作文能力を高めるため。
- 子どもたちの作文推敲能力を高めるため。

黒板とノートがリンクする
「上下段ノート」

こんなことありませんか？

国語の時間に板書していると，「先生，途中で２行目に書きますか？」と聞かれることがあります。

黒板は「横長」であるのに対し，国語のノートは「縦長」であることがほとんどです。黒板上での改行のタイミングと，ノート上での改行のタイミングが合わず，ノートにそのまま書き続けてよいか困ったのでしょう。

高学年になるほど，「臨機応変に」「うまく」書き分けていくのでしょうが，中学年はその判断が難しい場合があります。

どうしたら黒板とノートがリンクしやすくなるのでしょうか。

スキルの使用例

学習のはじめに，「中央に線を引いてノートを上下に分割しましょう。」と指示します。場合によっては，ある子のノートに実際に引いてみせ，「こういう感じにするよ。」と示してもよいでしょう。

これで，黒板と近いタイミングで改行ができることを伝え，上段が終わったら下段に進むようにさせます。場合によっては，課題と活動内容については縦長に書かせ，それ以降を分割して使うことも考えられます（写真）。

何より，子どもたちが１ページにまとめられ，一目で見やすいノートにすることが大切です。

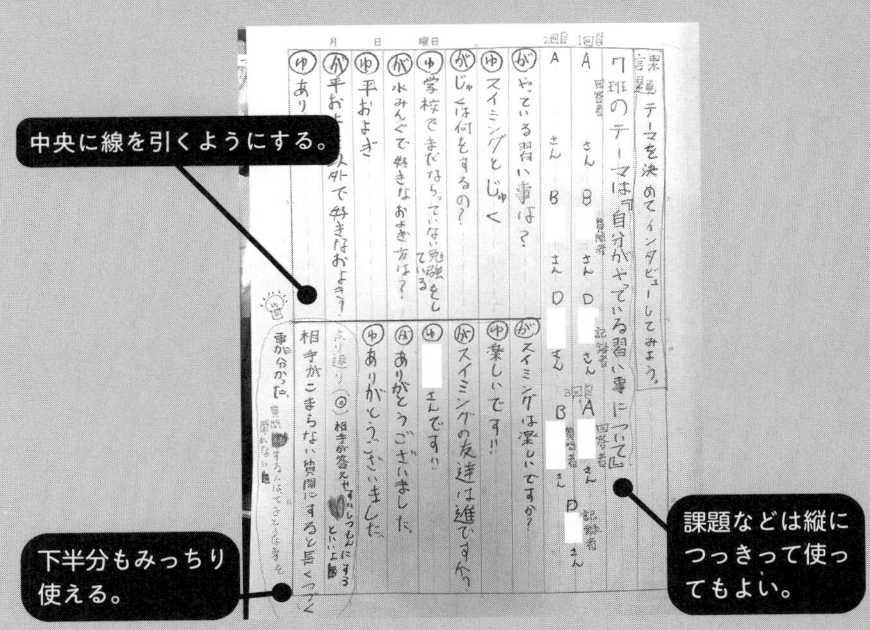

ちょこっとスキル

❶ノートの中央に線を引いて分割する。

❷課題などは通常使いでもよい。

❸下半分までみっちり書かせるようにする。

なんのためのスキル？

- ノートと黒板のバランスを合わせていくため。
- ページを跨がずにまとめ，見やすくするため。

教科書資料に興味がもてる「タブレット＆モニターで導入」

こんなことありませんか？

社会の教科書の資料はよく考えて作られています。そこで，

「教科書の資料を使って導入したい！」

と，思うのですが

「教科書〇ページを開いて，図〇を見ましょう。」

と，指示をしている間に授業がダレてしまう。また，資料が小さ過ぎて子どもの理解につながらない。というようなことはないでしょうか？　そんな時は，タブレットとモニターを使って導入すると効果的です。

スキルの使用例

５年生で世界の大陸について学習をします。教科書を開く前にこのスキル。

「世界にはいくつ大陸があるでしょう？」

モニターで世界地図をパッと提示しました。すると子どもたちは，モニターを見て大陸の数を数え始めました。そこですかさず，

「教科書〇ページに同じ地図があります。開いて数えてみましょう。」

と伝えると，子どもはすばやくそのページを開いて，大陸の数を数えました。その後，モニターで細かいところまで確認し，大陸の名前を全体でスムーズに確認することができました。

大陸の数はいくつでしょう？

パッと提示！

拡大して確認！

ちょこっとスキル

❶教科書の資料をタブレットのカメラで撮影する。

❷発問をして資料をパッと提示する。

❸興味をもったところで教科書を開かせる。

なんのためのスキル？

- 教科書の資料に興味をもたせやすくするため。
- 資料の細かい部分を確認するため。

知識の定着を図れる「デジタルフラッシュカード」

こんなことありませんか？

社会は調べ学習やまとめたことの発表など，活動的な学習を取り入れる機会が多いです。活動は充実して大成功！と思ったのですが，いざテストになると必要な知識が身についていなかったということがよくあります。

そんな時，知識を確実に定着させるために，デジタルフラッシュカードが効果的です。

スキルの使用例

６年生の社会で奈良時代の学習に入りました。

子どもたちは教科書を読んだりタブレットを使ったりして調べ学習をしていてとても充実しています。しかしある日，

「遣唐使と遣隋使って何が違うんだっけ？」

と子どもに聞いたのですが，子どもの理解は曖昧でした。

奈良時代の他の質問をしても，曖昧な答えが返ってきます。

そこでこのスキル。

「デジタルフラッシュカード！」

授業が始まった後の５分くらいを使い，毎回デジタルフラッシュカードで復習をすることで，知識の定着を確実にすることができました。

中国に送った
使者は？

一問一答式で作成する。

遣隋使と遣唐使は
何が違う？

遣唐使

当時の
中国の名前

画像を入れると
より効果的。

ちょこっとスキル

❶「～したのは？」「〇〇！」というような一問一答式のスライドを作る。
❷授業開始直後にスライドで復習する。
❸テスト前にもテスト勉強でスライドを復習する。
※画像を差し込むとより効果的です（著作権に気をつける）。

なんのためのスキル？

- 知識を確実に定着させるため。
- 動的な時間を多く確保するため。

調べ学習の見通しがもてる
「高速音読」

こんなことありませんか？

教科書やタブレットを使って調べ学習をします。しかし，こちらがおさえてほしいポイントをおさえないで調べ学習が進んでしまうことはありませんか？　そんな時は，高速音読でポイントおさえがオススメです。

調べ学習をする前に教科書に書かれている文章を高速で読んでもらい，ポイントを確認するだけで，大切なポイントをおさえた学習活動につなげることができます。

スキルの使用例

４年生の学習で，自分の住む県の産業について学習します。

T「酪農について書かれた◯ページを開いた人から立ちましょう。」

（全員立ったのを確認したら）

T「教科書の文章を高速で１回読んだ人から座ります。よーいスタート！」

（読んだ子から座っていく）

（先に読み終わって座った子は座りながらもう１回読んでもらう）

T「何市で酪農が盛んですか？」

C「〇〇市！」

T「〇〇市の特徴をおさえて調べ学習を進めましょう。」

と，ポイントをおさえて調べ学習をすることができました。

高速で教科書を読む！

ここがポイントか！

ちょこっとスキル

❶高速で教科書を読んでもらう。
❷授業のポイントを学級全体で確認する。
❸ポイントをおさえた上で活動に取り組んでもらう。

なんのためのスキル？

- ポイントをおさえた学習活動にするため。

歴史と人物を大切に思える
「偉人も“さん”づけ」

こんなことありませんか？

社会の教科書では，農家の方や市役所の方，被災した方や戦争を体験した方のお話がインタビュー形式で掲載されていることがあります。

誰もが，「○○さんのお話」という「“さん”づけ」であるのに対し，歴史上の人物になると「聖徳太子」や「徳川家康」のように，フルネームで呼ぶことがあります。

確かに「暗記」の視点で考えればそれでよいのかもしれませんが，子どもたちが「豊臣秀吉！」や「西郷隆盛！」と呼び捨てにしてしまっているのが気になってしまいます。

名前ではなく，単語として認識しているのかもしれません。

スキルの使用例

授業中に出てきた偉人に対しては，「卑弥呼さん」や「鑑真さん」などと「“さん”づけ」で呼ぶようにします。

そして，「“さん”づけ」で呼ぶことは，その人を大切にしていることなのだという意味づけをします。

場合によっては，黒板にも小さく「さん」と書いたり，ノートにもそう書かせたりしながらまとめるようにしていきます。

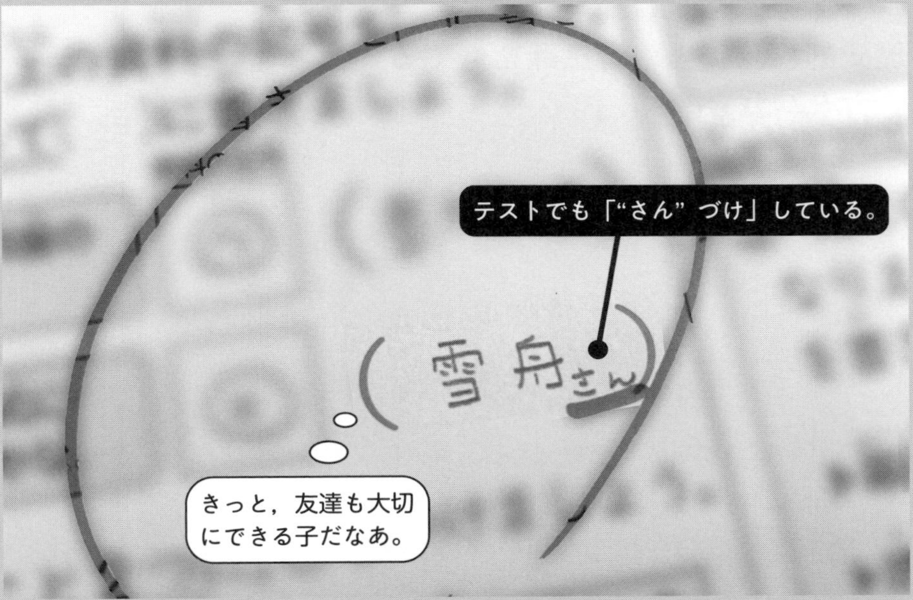

テストでも「“さん” づけ」している。

雪舟さん

きっと，友達も大切
にできる子だなあ。

ちょこっとスキル

❶偉人を「“ さん ”づけ」で呼ぶようにする。

❷黒板やノートにも「さん」を書かせる（場合による）。

❸同じように友達にも接する。

なんのためのスキル？

- 人に対して礼儀正しく接するため。
- 単語から名前に認識を変えることで，記憶にも残りやすくするため。

歴史的事象に当事者意識をもてる「立場決め」

こんなことありませんか？

地形の特徴や産業の特色を覚える。偉人の業績について知る。歴史的な事件や戦争を暗記する。これらは，いわゆる知識の詰め込み型の授業です。社会がそんな「暗記教科」になっていませんか？

子どもたちも「社会は覚えるのが苦手で……」と言うことがあります。もっと，社会的な事象から考えを広げたり，当事者意識をもって今の自分たちの生活に紐づけたりしながら考えられたらいいなと思うことがあります。社会を通して，子どもたちの思考を広げられたらと思います。

スキルの使用例

例えば，「もし自分が暮らすなら，北海道と沖縄のどちらか。」「日本が力を入れるべき産業は農業である。〇か×か。」「縄文時代と弥生時代，幸せなのはどちらか。」「奈良の大仏は小さくてもよかった。〇か×か。」「金閣と銀閣，どちらに住みたいか。」など，子どもたちに選択肢を与えます。

そして，その立場から理由を書かせていきます。

理由には，教科書や資料集からの引用が入ることで，生きた知識として子どもたちに定着するようになります。

※教育実践研究家である菊池省三先生の授業を参考にしています。

黒板にも，立場を
明確にしておく。

私は，こっちを選びました。
理由は……。

ノートに立場と
理由を書かせて
おく。

ちょこっとスキル

❶選択肢のある学習課題を立てる。

❷子どもたちに立場を決めさせる。

❸理由を書かせ，交流する。

なんのためのスキル？

- 子どもたちが当事者意識をもって歴史的事象に向き合うため。
- 理由をつくる中で，知識面での定着も図るため。

当事者意識・課題意識を育てる「私だったら……」

こんなことありませんか？

社会は暗記教科。そんな印象を抱く方が多いのではないでしょうか。子どもたちも同じように，「社会は暗記するのが大変」と，苦手意識をもっていることがあります。

つまり，「知識がなければダメだ」と感じているのでしょう。

すると，「わかるかどうか」「知っているかどうか」で学習への意欲が決まってしまい，半数以上の子は黙って聞いているだけ，黒板を写すだけのような受動的な学びに向かってしまいます。

スキルの使用例

社会で大切なことは，歴史的な事象の背景を想像したり，どんな願いが込められていたのかを読み解いたりすることだと考えています。また，当事者意識をもって現代を学習していくことも大切です。

そこで，「あなた（子どもたち）ならどうするか」という課題をもたせながら，社会的な事象を切り取ってみました。

次のページの写真は，５年生の自然条件と人々のくらしを学んだ際，寒い地域と暖かい地域ではどちらに住んでみたいかと尋ねて理由をまとめさせたものです。

子どもたちは，自分の立場を決めて主体的に理由を考えていました。

「私だったら」と書き始める。

私だったら住んでみたいのは【沖縄】です。

理由①冬でも暖かいからです。（一年中温暖な気候）

理由②初夏などの、早いうちからたくさん海水浴が楽しめるからです。

理由③マンゴーなど、沖縄などの温暖な気候でしか育てら
ツが食べられるからで

具体的な理由を，教科書から引用してまとめている。

なぜなら【暖かい】からです。

理由④暖かい海にしか生
サンゴ礁を見ることがで
す。

理由をはっきりさせる。

理由⑤暖かいと冷たいものを食べた時によりおいしく感じられるからです。

以上の理由から、私だったら沖縄に住んでみたいです。

ちょこっとスキル

❶問いに対して「私だったら」という意見をもたせる。

❷「あなただったら？」と尋ねるようにさせる。

❸意見を出す経験を積ませる。

なんのためのスキル？

- 安心して自分の立場や意見を生み出すため。
- お互いの違いを認め合えるようにするため。

いつでも振り返りができる
「黒板左端で復習」

こんなことありませんか？

「算数は既習事項をもとにして筋道立てて考えることが大切。」
と言われます。しかし，既習事項が定着しておらず，本時の学習に生かせないということはありませんか？

そんな時は，黒板の左端に既習事項をまとめてみてはいかがでしょうか？

本時の学習を進める際，黒板の左端を見ればいつでも既習事項を振り返ることができるので，筋道立てた思考がしやすくなります。

スキルの使用例

小数の筆算のたし算・ひき算の学習をします。

「位を揃える」
というポイントをおさえて学習を進めようとした時にこのスキル。

「整数の筆算はどうやって計算しましたか？」
と発問し，黒板の左端に整数の筆算を書きました。すると子どもから，

「位を揃えて計算する！」
という言葉を引き出せました。

学習のポイントを復習で確認し，黒板の左端に書いておくことで，子どもたちは「位を揃える」というポイントをおさえながら，小数の筆算の学習に取り組むことができました。

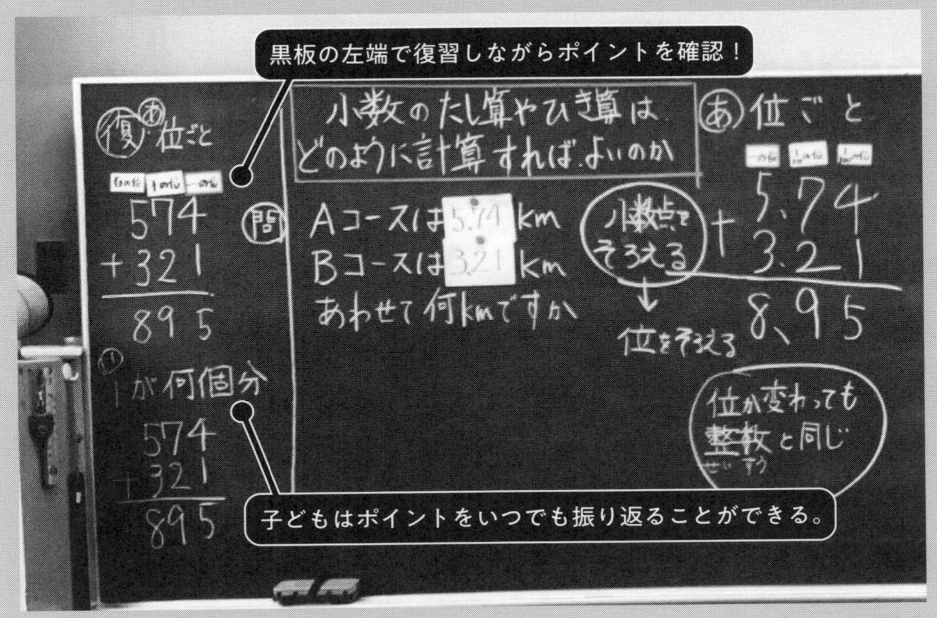

ちょこっとスキル

❶黒板の左端で復習をする。

❷復習をしながらポイントを書き残しておく。

❸子どもに黒板の左端に書かれたポイントを意識させながら授業展開する。

なんのためのスキル？

・既習事項を生かした授業展開をするため。

具体的なイメージが湧く
「問題文にストーリー」

こんなことありませんか？

算数の問題文を読んだ時になんだか親近感やイメージが湧かないなんてことはありませんか？　そんな時は，教師や学級の子どもの名前を借りてオリジナルストーリーをつけ加えることで，親近感も湧き，具体的な場面をイメージすることができます。

スキルの使用例

4年生の算数で（整数）÷（小数）の学習をします。問題文が，

> 2ｍの紐を同じ長さに切って4人で分けます。
> 1人分の長さは何ｍになりますか？

でした。興味をひきつけるためにこのスキル。問題文を提示する前に，

「先生は4人家族です。家族全員分の袋を作るのに紐が必要です。」

と，ほんの少しストーリーをつけてから提示することで，子どもの興味をひきつけることができました。

先生は４人家族です。
家族全員分の袋を作るのに
紐が必要です……。

この後に問題文を提示！

ちょこっとスキル

❶問題文を提示する前にストーリーをつける。

❷問題文を提示する。

なんのためのスキル？

- 子どもの興味をひきつけるため。
- 具体的な場面をイメージさせるため。

学習を理解した瞬間がわかる
「振り返りの型」

こんなことありませんか？

「振り返りが大切。」

わかってはいるものの，子どもに授業の振り返りを書かせても，充実した内容にすることはなかなか難しいものです。

そんな時は，振り返りの「型」を与えてみてはいかがでしょうか？

振り返りの型があることで，どこに着目していいか明確になり，振り返りを充実させることができます。

スキルの使用例

学習の過程と成果を振り返るために，次の型を使用しました。

①いつ
②誰が
③何を言ったか「　　　　」
④わかったこと

１時間の授業を振り返り，自分が学習を理解した瞬間にスポットを当て，振り返りを書くことができました。

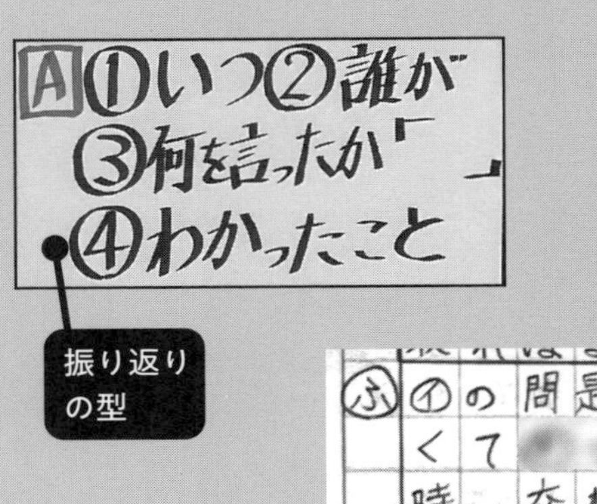

振り返りの型

学習を理解した瞬間を振り返る。

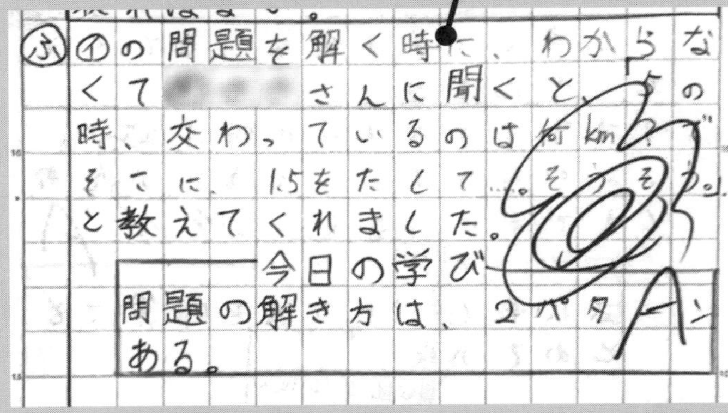

ちょこっとスキル

❶振り返りの型の掲示物を作る。

❷教師は「学習を理解した瞬間について書きましょう。」と声をかける。

❸子どもは型を見ながら振り返りを書く。

なんのためのスキル？

・学習を理解した瞬間を振り返るため。

子どもの学習を支える「貸し出し算数セット」

こんなことありませんか？

授業が始まって数分，ある程度説明が済んで実際に作業を始めようとした時，「先生，三角定規を忘れました。」と申し出てくる子はいませんか？

そして，子どもたちが一番焦っているはずなのに，「どうして今まで言わないの？」「授業前に来なさい！」と注意し，隣近所の友達と貸し借りするように指示します。

子どもは申し訳なさそうに席に戻り，友達に貸してもらいながら学習を進めます。

たった１枚の三角定規がないために，教師も子どもも周りの子も，マイナスの空気になってしまいます。

スキルの使用例

写真のように貸し出し算数セットを子どもたちに見せておきます。そして，忘れた時は素直に申し出るように伝えます。そして，１枚の三角定規がないために学習を進められないことは残念なことだとつけ加えます。

用具には記名してあること，使い終わったらきちんと戻しにくることも指導しておきます。

実費ですが，数百円で15年以上使えることを考えると安い買い物かもしれません。何より，授業中にイライラすることがなくなります。

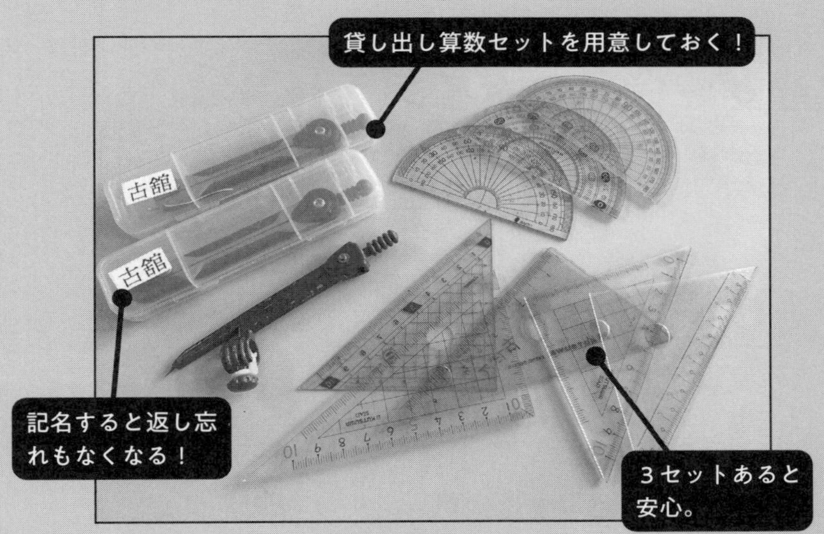

ちょこっとスキル

❶算数用具をいくつか揃えておく（３セット〜）。

❷記名しておく。

❸授業前に貸し出すようにする。

なんのためのスキル？

- 子どもたちの学習を支えるため。
- 用具忘れにイライラしないため。

学習をしっかり定着させる
「共通語→今日のポイント」

こんなことありませんか？

まとめを書いたはずなのに，学習したことがうまく定着しない，なんてことはありませんか？

練習問題を解いている時に，

「先生，これどうやってやるのか忘れました。」

なんてことも少なくありません。

子どもたちが問題解決の手がかりとなるポイントを把握できていないのが原因だと感じています。

スキルの使用例

そこで，「まとめ」を「今日のポイント」に言い換えて書かせるようにしていきます。

本時の課題を解決する手がかりがこれだと明確にするのです。

こうすることによって，「振り返り」とも区別し，算数のポイントに焦点化して書くことができます。

また，「ポイント」ですので，黒板（ノート）の途中にも「ここがポイント」と吹き出しで書き加えることができ，練習問題に取り組む際に指導の一助とすることができます。

子どもたちにとっても，「ポイント」にすることで定着が図れます。

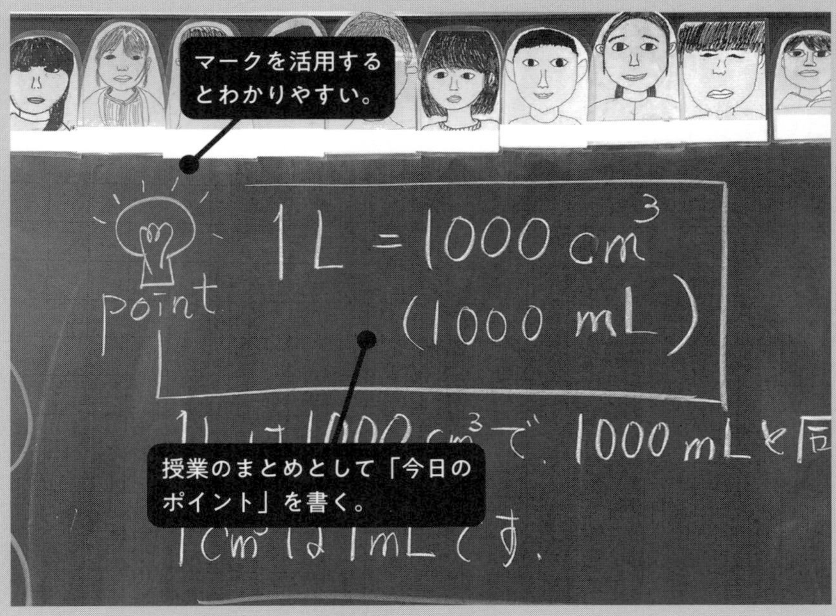

ちょこっとスキル

❶子どもたちに「まとめ」が「今日のポイント」であることを伝える。
❷「今日のポイント」と「振り返り」は別であることを伝える。
❸子どもたちに囲み方を工夫させたり，マークを書き加えたりさせる。

なんのためのスキル？

- 授業のポイントが一目でわかるようにするため。
- 子どもたちが家庭学習でも使えるようにするため。

関係性豊かに学び合える
「塾の設立」

こんなことありませんか？

早く問題を解いた子が丸をもらい，終わっていない子に教えに行く「ミニティーチャー」スタイルがうまく機能しない。そんなこと，ありませんか？

このミニティーチャーの制度は，ある程度学級の状態が落ち着いていることや，子ども同士の関係が良好である場合において有効であると感じます。

しかし，不安定な学級において「はい，終わったからミニティーチャーね。」とすると，関係がギクシャクしているのでうまくいきません。

子ども同士の学びを大切にしたいと思っていてもそれが不発に終わってしまうのです。

スキルの使用例

早く終わった子の名前をつけた「古舘塾」「髙橋塾」を設立します。教える子と教わる子を明確にします。「ここで学ぶのだ。」と決めるのです。

ミニティーチャー制度だと，どうしても「え？　あまり話したことない……」というネガティブなスタートになりがちですが，このスタイルにすると，普段の関係にかかわらず「割り切って教え，学ぶ」ことができます。

教師側も，「○○さんに教わりなさい。」ではなく，「ここの塾に入りなさい。」と言うことで，子どもたちをかかわらせることができます。

その上で，関係性を価値づけたり，教え合う空気感をほめたりします。

はい，こうやってみて！

僕もここに入ろう！

ここでやるしか
ない！

ちょこっとスキル

❶早く終わった子の名前で「〇〇塾」を立ち上げる。

❷終わっていない子を入塾させる。

❸教え，学び合う関係を価値づける。

なんのためのスキル？

- 子どもたち同士の関係性を豊かにしながら学ばせるため。
- 教師の役割をティーチングからコーチングにしていくため。

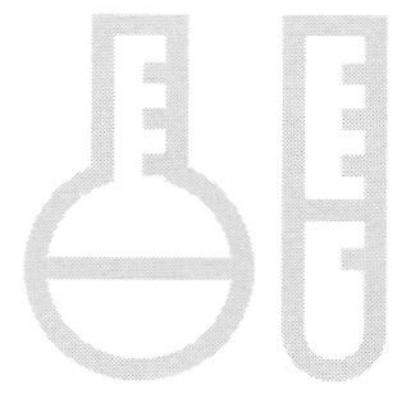

いつでも確認ができる
「実験の手順掲示物」

こんなことありませんか？

「理科の実験の授業の展開はある程度決まっている。」

理科の実験の授業は，教科書にも書かれている通り，「①問題を見つける，②予想する，③計画を立てる，④調べる，⑤記録する，⑥考察する，⑦まとめる」と，単元を通してある程度決まった形で展開されます。教師も子どももその流れを理解していれば，成果のあがる授業にしやすい教科かもしれません。しかし，教師も子どもも流れを完全に理解して授業を展開することはとても難しいことです。そんな時，実験の手順を掲示物に表して授業を展開してみてはいかがでしょうか？

スキルの使用例

理科の授業で新しい単元に入りました。授業の中で新しい①問題を見つけ，②予想をして，③計画を立てました。次の時間に実験をするのでこのスキル。

「次の時間は理科室で，④調べて，⑤記録します。」

と，掲示物を使いながら学習の見通しをもちました。見通しをもつことで，次の時間はスムーズに活動に取り組むことができました。

実験の手順
①問題を見つける
②予想する
③計画を立てる
④調べる
⑤記録する
⑥考察する
⑦まとめる

掲示物にして
流れを確認！

理科室に
持ち運んでも
使える。

ちょこっとスキル

❶掲示物を作る。

❷掲示物を使いながら手順を確認する。

❸学習の見通しをもつ。

※教科書ごとに実験の手順が違うことがあります。
　ご自身の扱う教科書に合わせることがオススメです。

なんのためのスキル？

・見通しをもって学習を充実させるため。

雰囲気が出て安全性も増す
「白衣を着る」

こんなことありませんか？

理科の実験は薬品を使ったり特殊な装置を使ったりし，いつもの授業よりも安全を心がけなくてはなりません。しかし，心配しているのは教師だけ。子どもはいつもの授業と変わらない様子。そんなことはないでしょうか？

緊張感がなければ事故につながるかもしれません。そんな時，教師が白衣を着るだけでいつもと違う雰囲気をつくることができます。

スキルの使用例

ガスコンロを使って水溶液を蒸発させる実験をします。火も薬品も扱うので危険の伴う授業です。そんな時には，このスキル。

「白衣を着る」

白衣を着ることで，

「先生！　いつもと雰囲気違いますね。」

「実験の時は，安全を心がけることが大切だからね。みんなも事故がないように安全を心がけて実験しましょう。」

というやりとりをして，いつもの授業よりも緊張感をもって実験にのぞむことができました。

もちろん，雰囲気づくりだけでなく，安全のためにも白衣を着ることは大切です。

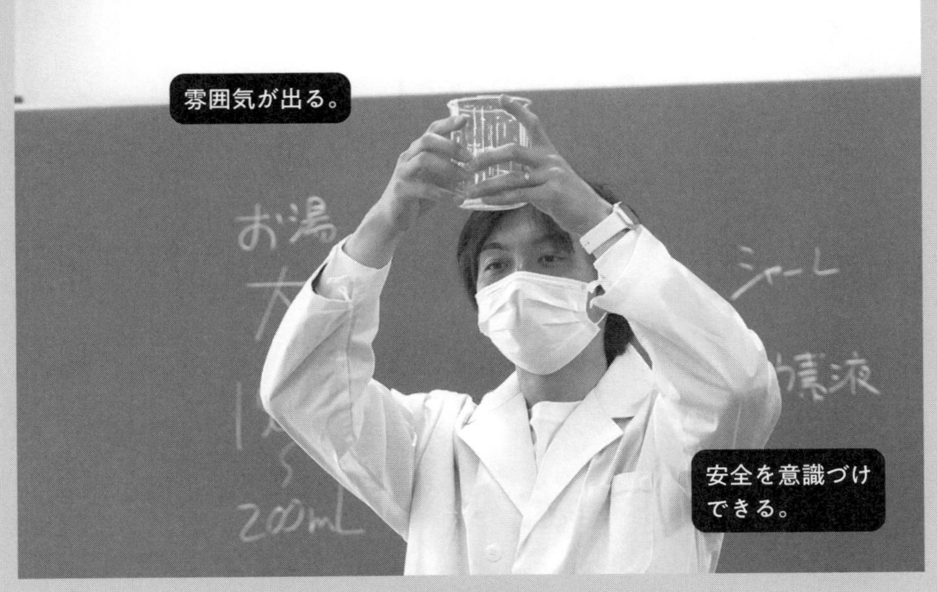

ちょこっとスキル

❶白衣を着る。

❷安全を心がけるように子どもに呼びかける。

なんのためのスキル？

- 安全に授業に取り組む雰囲気をつくるため。
- 理科の授業の雰囲気をつくるため。

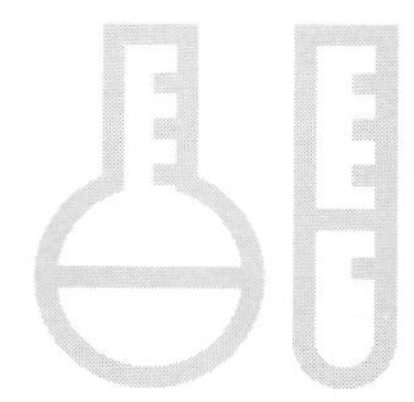

じっくり観察記録をかける「タブレットで画像記録」

こんなことありませんか？

理科の学習で外に出て観察カードを使って観察をします。ほとんどの子が終わったのですが，数人終わらせることができなく，また観察の時間を取らなければならない。そんなことはないでしょうか。観察の時間を改めて取ることは難しいし，動物や植物ですので，最初にカードをかいた時と同じ条件で観察できるとは限りません。

そんな時は，タブレットを使って観察するものを画像で記録してみてはいかがでしょうか？

スキルの使用例

４年生の学習で，ツルレイシの観察をします。

１時間で終わった子もいるのですが，そうでない子もいました。そこでこのスキル。

「タブレットで画像記録」

終わらなかった子は，タブレットに保存された画像をもとにカードの続きをかくことができました。

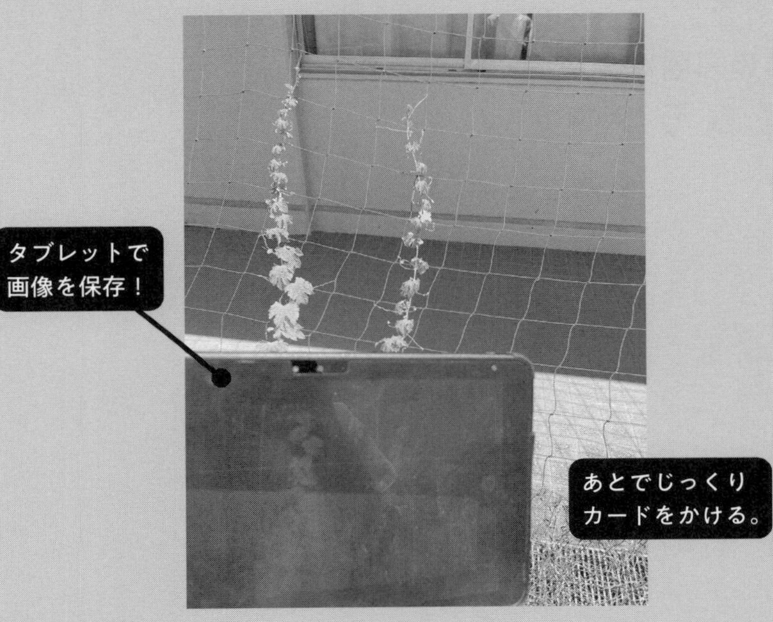

ちょこっとスキル

❶観察の対象をタブレットを使って画像で記録する。

❷あとでじっくり観察カードをかく。

なんのためのスキル？

- じっくりと観察カードをかくため。

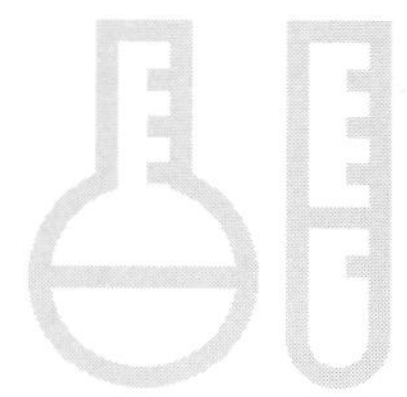

長時間の実験が短時間にまとまる「タイムラプス」

こんなことありませんか？

理科の実験が長引き，他の教科の時間が奪われてしまう。そんな経験はありませんか？

太陽の動きによる影の位置，水や金属の温まり方，植物のからだのつくり，月の位置，雲の動き，蒸散の様子など，時間をかけて調べなければならない実験はいくつもあるでしょう。

その度に授業の合間を縫って観察に出かけなければなりません。

もちろん，実際に体験することは大切ですが，うまく実験結果が見えないこともあります。

費用対効果が得られる実験にしていきたいと考えています。

スキルの使用例

iPhone のカメラに搭載されている「タイムラプス」機能での撮影を行います。定点撮影ができるように三脚に固定し，時間の経過もわかるように時計も写るようにしておきます。

あとは撮影を開始し，数時間撮影し続けます。

ある程度時間が経ったら撮影を停止し，動画を保存します。これで，数時間の実験が数十秒に凝縮されます。

テレビにつないで子どもたちと見ると歓声があがることでしょう。

ちょこっとスキル

❶必要な場所にカメラを固定する。

❷時計も写るようにし，時間の経過も記録する。

❸数時間撮影し続ける。

なんのためのスキル？

- 長時間の実験を短時間にまとめて見るため。
- 変化の Before & After を明確に写し出すため。

素早く確実に実験できる「ボンベの多用」

こんなことありませんか？

理科の学習では，たくさんの実験が行われます。見たり触ったり，自分自身で体験することで得られる学びはかなり大きいと思います。

しかし，実験が難しいと感じることもあります。それが，ストローを使った呼吸を伴う実験です。

例えば，石灰水を濁らせるために密閉した袋の中で呼吸したり，植物に二酸化炭素を吸収させるために覆ったビニルの中で呼吸したりする実験です。

口をつけたり，唾液が混じることもあるため，子どもたちによっては「やりたくない」が生まれがちな実験です。

スキルの使用例

あらかじめ，ホウセンカが二酸化炭素を吸収して酸素を生み出すかを確かめる実験だという目的を示しておきます。次に，仮説も明確にします。「生み出す」「生み出さない」の２択です。すると，ホウセンカをビニル袋で覆い，二酸化炭素を充満させればよいわけですから，必ずしもストローを使って呼吸し，二酸化炭素を増やす必要がないことになります。

そこで，子どもたちにも「代わりにボンベで充満させるよ。」と説明し，条件を整えるようにします。

ちょこっとスキル

❶二酸化炭素のボンベを用意する。

❷子どもたちと実験の条件を確認する。

❸呼吸の代わりにボンベを使う。

なんのためのスキル？

- 子どもたちが安心して実験に臨めるようにするため。
- 素早く確実に実験を行うため。

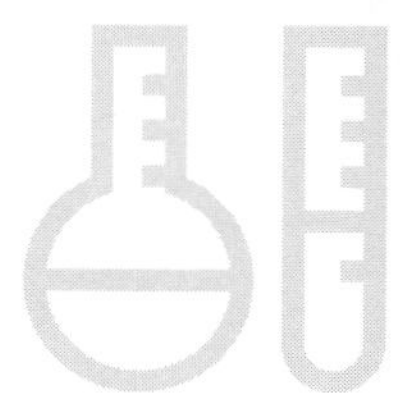

後始末を美しく行える
「最後は水拭き」

こんなことありませんか？

理科室に学習に行ったらなんだか机上が汚い気がする。そんな経験をしたことはありませんか？

確かに，理科室では様々な学年が様々な実験を行います。机上が汚れてしまうのも当然といえば当然です。

しかし，自分たちが使った後はきれいにして教室を後にする。そんな気持ちが必要ではないでしょうか。

植物の実験ではバーミキュライト，土がこぼれます。マッチや線香の灰，粘土のベタベタ感が残ることもあるでしょう。何より，水を使った実験では，水滴などが残ることがあります。

これを一発で解決する決まりごとを考えてみました。

スキルの使用例

理科室を後にする際は，「最後は水拭き」を合言葉にするようにします。水濡れの机上を綺麗にする他，砂っぽさも一気に拭きあげることができ，清潔に仕上げることができるからです。

また，机上を拭くことで，忘れ物も減らすことができます。椅子を拭く時に下の棚も確認するようにするとよいでしょう。

水拭きによって，後始末と次の学級への引き渡しが気持ちよくできます。

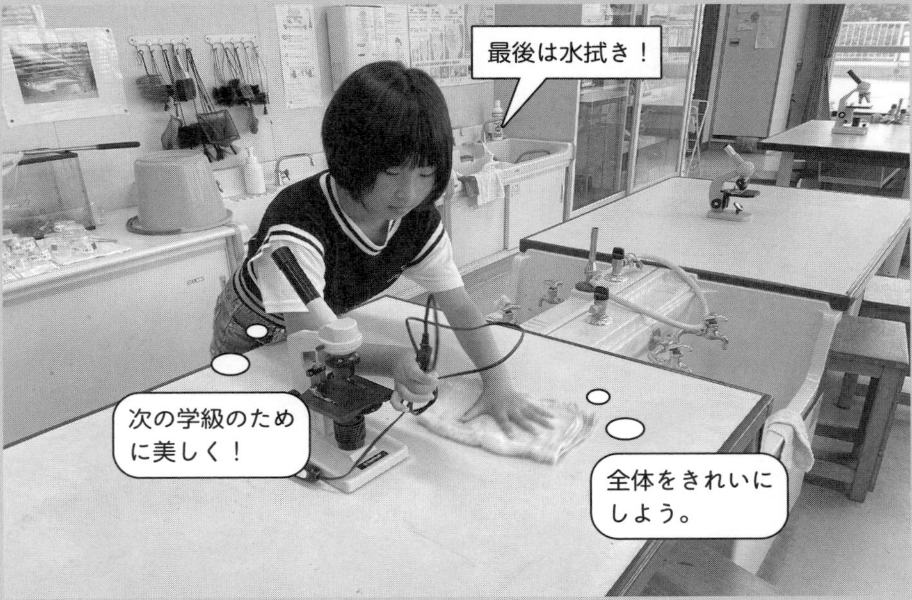

ちょこっとスキル

❶最後に拭きあげる子を班で１人決めておく。
❷最後に水拭きで仕上げていく。
❸指さし確認で忘れ物をチェックする。

なんのためのスキル？

- 次に理科室を使う学級のために美しく後始末するため。
- 理科室への忘れ物をなくすため。

育てる野菜に愛着をもてる「トマトのトマちゃん」

こんなことありませんか？

生活科で野菜を育てることがあります。夏にかけてミニトマトを育てる学校も多いことでしょう。

しかし，複数個同時に育っていくトマトを全て把握しながら観察することは容易なことではありません。前回までどのトマトを観察していたのかわからなくなってしまったり，それによって途中から投げやりな観察になってしまったりすることはありませんか。

子どもたちには，自分の育てている野菜に愛着をもってほしいと願っています。

スキルの使用例

トマトが育ってきたら，自分の観察するトマトを決めてもらいます。そして，名前をつけるようにします。

名前をつけたら，その周りの様子もじっくりと観察させ，茎の角度や位置も覚えるようにします。

場合によっては，茎の部分にマスキンテープなどで名前を表示することも可能です。そうすることで，周りの子も「これがトマちゃん」と認識することができます。

準備ができたら，あとは日常的に名前を呼んで観察していきます。

ちょこっとスキル

❶ミニトマトに名前をつける。

❷名前を呼びながら観察する。

❸場合によっては，名前の表示をつける。

なんのためのスキル？

- 自分たちの育てている野菜に愛着をもつため。
- 定点観察を確かなものにしていくため。

気持ちが見える「吹き出し」

こんなことありませんか？

町探検や学校探検を実施する学校が多いと思います。探検バックを首から下げて校内を歩く子どもたちを見ていると，とても幸せな気持ちになります。

しかし，振り返りを書かせると「事実」だけになってしまいがちです。

例えば，「〇〇に行きました。」「〇〇を見ました。」「〇〇でした。」と，誰でも書けることが羅列され同じ感想になることもあります。

掲示してみると，多くの子が同じようなことを書いている……なんてことは，ありませんか。

スキルの使用例

まず，子どもたちに思い思いに振り返ってもらいます。書く前に，数人の子とやりとりしながら，探検の様子を想起させるようにします。

そのあと，作文形式で用紙の下段から書かせ，終わった子から絵を描くように指示します。

絵が描けた子から見せにくるように指示しておき，持ってきた子にインタビューしながら「この時は，どんなことを聞いたの？」「どんな気持ちだったの？」「〇〇さんはどんなこと言ってた？」と尋ねて吹き出しに書かせるようにします。

ちょこっとスキル

❶作文と絵をかいたら,「吹き出し」をかかせる。

❷インタビューし,「話していたこと」「考えたこと」を聞き出す。

❸吹き出しの中に書かせる。

なんのためのスキル？

- 思考や感情の伴った，その子らしい振り返りを書かせるため。
- 読み手に，その場の臨場感や様子を伝えるため。

バランスよく，しっかり管理しやすい「日当たり３交代」

こんなことありませんか？

生活科では，アサガオを育てたり，ミニトマトを育てたりする学校が多いでしょう。一昔前とは違い，成長が目に見えるような支柱の作りや，水やりを効率よく行うための受け皿の工夫など栽培セットもかなり進化したように感じています。

しかし，人の力では工夫しきれない要素があります。それが日光です。太陽の力は，その日の天気と相談しなければならない要素です。

効率よく植物へ日光を当てたいと思うこと，ありませんか？

スキルの使用例

学級の人数や，学校のつくりにもよりますが，例えば30人学級だったとして，10人ずつのグループにしておきます（ABC チームにしてもよい）。

そして，軒先の列，軒下の列，壁際の列と，３列に分けて並べておくようにします。一定時間，または定期的にその列をローテーションで回しながら栽培キットを移動させていくのです。

場所を固定せず，10人ずつ回すことによって，全員分のセットに日光を当てることができます。また，一人一人のセットに目が行き届きやすくなると同時に，セットの下の掃除もこまめに行うことができます。

壁際から３列で配置し，順番に前に出すようにする！

教師のチェックも入れやすい。

移動のタイミングで床掃除もできる。

ちょこっとスキル

❶学級を番号順に３グループに分けておく。
❷３列の配置を「壁際」「コンクリ」「花壇前」などのネーミングで共通理解する。
❸時間ごと，日にちごとなどで定期的に場所を移動する。

なんのためのスキル？

• どのセットもバランスよく日光が当たるようにするため。
• 教師のチェックを入れやすくしたり，軒下の管理をしやすくするため。

リコーダーの息調節がうまくなる
「息の温度を感じよう」

こんなことありませんか？

リコーダーを練習していると，高い音は出るのに低い音が出ない。逆に低い音は出るのに，高い音はかすれてしまうというようなことはありませんか？　それは，音程に合わせて息のスピードを調節できていないからかもしれません。

そんな時は，息の温度を意識させてスピードを調節させてみてはいかがでしょうか？　冷たい息なら速い息，温かい息ならゆっくりな息を意識させることができます。

スキルの使用例

リコーダー練習をしていて，高いドと低いドの音をきれいに出すことができないことがあります。そこでこのスキル。

「口の前に人差し指を出してください。」

「冷たい息を人差し指に吹いてみましょう。」

「高いドを冷たい息で吹いてみましょう。」

「口の前に人差し指を出してください。」

「温かい息を人差し指に吹いてみましょう。」

「低いドを温かい息で吹いてみましょう。」

と，練習することできれいな音で高いドと低いドの音を出せました。

高い音は冷たい息，低い音は温かい息で吹きましょう。

指に息を
吹いて確認！

ちょこっとスキル

❶口の前に人差し指を出す。

❷冷たい息と温かい息を吹かせる。

❸高い音は冷たい息，低い音は温かい息で吹かせる。

なんのためのスキル？

- 息のスピードを調節させるため。

スモールステップで楽器練習できる
「音階を歌おう♪」

こんなことありませんか？

リコーダーや鍵盤ハーモニカなど，音階のある楽器を演奏する機会があります。しかし，いきなり演奏の練習をさせてもなかなかうまくなりません。そんな時は，楽器を一度置いて，音階を歌えるようにしてみてはいかがでしょうか？　楽譜を覚えることと，指を動かすことの両方を一度に練習することはとても難しいものです。そこで，先に音階を歌えるようにしてから指の練習をすることで，１つずつ練習できるので，一度に練習するよりも短い時間で演奏ができるようになります。

スキルの使用例

リコーダーの練習をします。はじめからリコーダーを使おうとしたのですがうまくできません。そこでこのスキル。

T「一度メロディーを歌いましょう。」

T「ミーファソ　ドー　ラーファソー♪ハイ。」

C「ミーファソ　ドー　ラーファソー♪」

（この部分を何回か繰り返す。歌えるようになったら……）

T「この部分の指練習をします。」

一度歌えるようにしてから指練習をすることで，スムーズに練習をすることができました。

ちょこっとスキル

❶教師がメロディーを歌う。
❷子どもがメロディーを歌えるように何回も繰り返す。
❸ある程度歌えるようになったら楽器で指練習をさせる。

なんのためのスキル？

・メロディーを先に覚えて指練習に集中させるため。

指揮を振りながらできる
「クラベスでカウント」

こんなことありませんか？

リコーダーや鍵盤ハーモニカが個人で演奏できるようになってきたので，合奏練習に入ります。一人一人はそこそこ演奏できるのに，合わせた途端バラバラで曲になりません。

そんな時は，音を出してカウントを取ってみてはいかがでしょうか？　クラベスを使うことで，指揮を振りながら音を出してカウントを取ることができます。

スキルの使用例

合奏練習を始めます。曲がバラバラで全然合っていませんでした。そこでこのスキル。

「クラベスの音に合わせて演奏しましょう。」

指揮を振りながら音を出してカウントを取ることで，演奏が合ってきました。ある程度合ってきたところでクラベスの音をなくすと，カウントを取らなくても演奏を合わせられるようになりました。

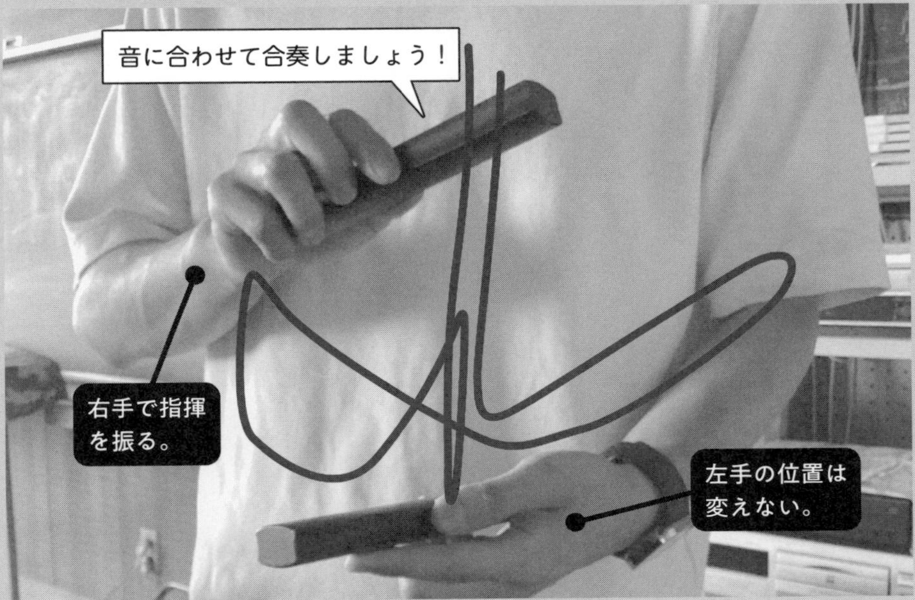

ちょこっとスキル

❶指揮棒の代わりにクラベスを持つ。

❷指揮を振りながらクラベスを叩き，音を出してカウントを取る。

❸合奏が合ってきたら音を出さずに指揮を振る。

なんのためのスキル？

・指揮を振りながらカウントを取るため。

自然に声が出るようになる
「声出しは，は・す・ん」

こんなことありませんか？

「もう少し声を出しましょう。」
「もっと元気に歌いましょう。」
「お腹で息を吸ってから歌いましょう。」

そんな，「声を出して！」という指示を出しても，子どもたちの歌声がなかなか大きくならない。そんなこと，ありませんか？

歌うことの制限があったコロナ禍の３年間。子どもたちの声が出にくくなったことは否めないと感じています。

スキルの使用例

子どもたちに馴染みのある１曲を用意します。できれば短くて３番まである曲が好ましいので，本校では校歌を使っています。アニメソングなども使いやすいです。

歌詞を配る必要はありません。使う言葉は，「は」「す」「ん」のみです。

１番は「は」だけで歌います。なるべく口を開けて歌わせると，お腹の動きがよくわかります。２番は「す」だけで歌います。歯の間から息が抜けていく感じがよく掴めます。３番は「ん」だけで歌います。頭蓋骨に音が響く様子がわかります。手でお腹を触ったり，手の平を口元に当てて空気を感じたりすると効果を実感できます。

ちょこっとスキル

❶馴染みのある歌を選ぶ（できれば３番まであるとよい）。
❷１番は「は」，２番は「す」，３番は「ん」のみで歌う。
❸手をお腹に当てて，呼吸を意識させる。

なんのためのスキル？

- 歌いやすい曲で自然に声を出しやすくするため。
- 「お腹を意識して」と言わずに自然に腹式呼吸で歌えるようにするため。

ベストパフォーマンスを評価できる
「歌と演奏の録音提出」

こんなことありませんか？

音楽の学習における技能評価の課題は「時間がたりない」ことです。

30人を１人ずつ呼んで，担任１人でチェックしていくと，いくら時間があってもたりません。

子どもたちにとっても待ち時間が増えてしまい，学級が落ち着かなくなることもあります。

音楽の実技テストの際に，こうした課題を感じたことはありませんか？

スキルの使用例

子どもたちには，次のように話します。

「今からロイロノートに課題を送ります。課題を開いたら，旋律を作って手書きで書き込みましょう。旋律ができたら，マイクボタンを出して演奏を録音してください（大画面で１回やって見せても良い）。
録音まで終わったら，書き残しがないか，音が収録されているかを確認してください（これもまた，実際に録音して再生して見せると良い）。
提出箱を作ってあるので，録音まで終わったら提出をお願いします。」

あとは，提出箱に並んだ子どもたちの音源を聞きながら評価します。

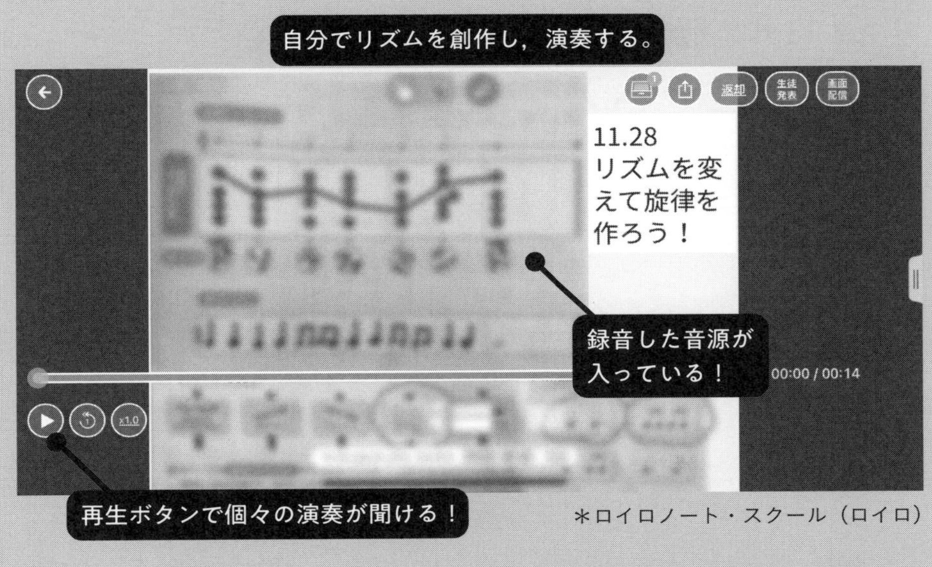

＊ロイロノート・スクール（ロイロ）

ちょこっとスキル

❶提出用の原本データを子どもたちに配付する。

❷配付されたデータに書き込んだり，音源を録音したりする。

❸提出させ，担任が管理（評価）する。

なんのためのスキル？

- 子どもたちのベストパフォーマンスを評価するため。
- 評価にかけるコストを下げ，時短を可能にするため。

リズム以外の指導に集中できる「メトロノームアプリ」

こんなことありませんか？

「さん，はい！」と言いながら，手拍子で子どもたちに歌わせたり，リズムをとってあげたりした経験はありませんか？

場合によっては，タンブリンやカスタネットを用意し，リズムを打つこともあると思います。手持ちのペンで譜面台をコツコツ叩くこともあります。

しかし，教師が手を動かしているために他の指示が難しくなったことはありませんか？

また，個人練習の時間に自分の好きなペースで歌ったり演奏したりしたために，全員で演奏する時に揃わない場合もあります。

スキルの使用例

メトロノームアプリでテンポを決め，スピーカーから流せるようにしておきます。

子どもたちにリズムを確認させたあと，「いち，に，さん，はい！」などと出だしだけは指示します。あとは，メトロノームアプリのリズムに合わせて歌ったり，演奏したりさせます。

個人練習の時間も，全体に聞こえる音量でリズムを鳴らしておきます。

子どもたちは，練習も本番も一定のリズムで取り組むことができます。

教師も，リズム以外の「伸ばす動作」や「音の大小の指示」ができます。

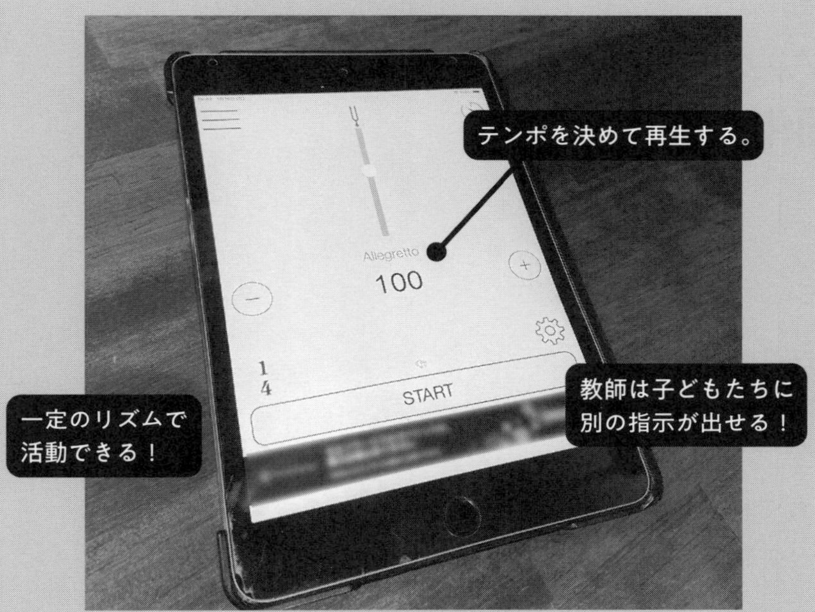

＊Smart Metronome & Tuner (product Ihara)

ちょこっとスキル

❶メトロノームアプリでリズムを決めて再生する。
❷スタートを指示して一斉に歌わせたり，流しながら練習させたりする。
❸教師は，リズム以外の指示（ブレスのタイミングやフォルテなど）をする。

なんのためのスキル？

- 子どもたちが一定のリズムで安心して練習できるようにするため。
- 教師がリズム以外の指導に専念できるようにするため。

ティッシュですぐできる「簡単タンポ」

こんなことありませんか？

タンポを使おうと思うのですが，ガーゼも綿もなくすぐに用意することができません。そこまでこだわった表現ではないので，購入して準備するほどでもありません。

そんな時は，ティッシュでタンポを作ってみてはいかがでしょうか？

ティッシュなら，教室に必ずありますし，簡単ですぐに作ることができます。使った後は捨てるだけなので，片付けも簡単です。

スキルの使用例

描画の背景をほわーっとした表現にするのに，タンポを使おうと思いました。しかし，タンポをすぐに用意することはできません。そこでこのスキル。

「ティッシュでタンポ！」

簡単に用意したタンポでしたが，十分なデザインになりました。また，ティッシュの折れ目でついた跡が，普通のタンポにはない表現になり，いい感じの作品に仕上がりました。

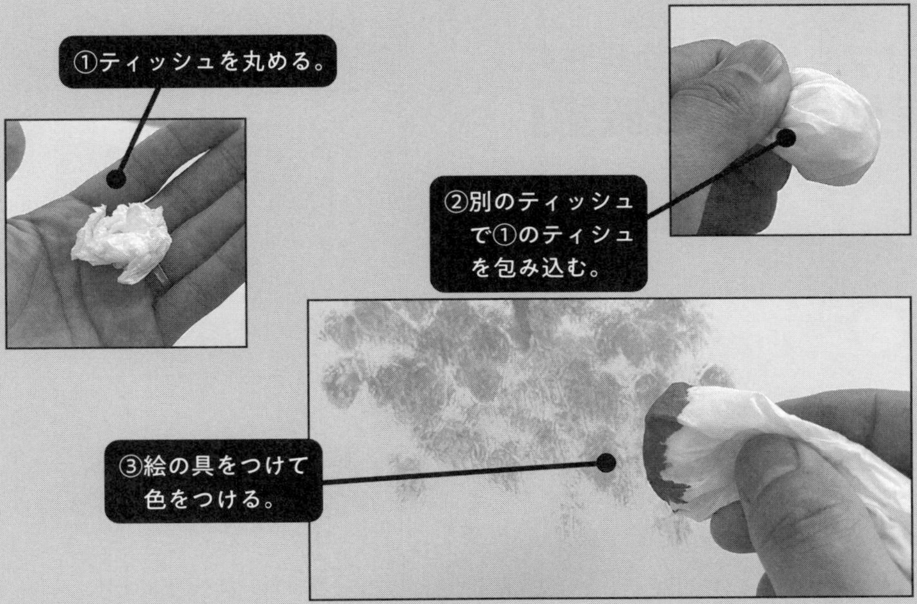

①ティッシュを丸める。

②別のティッシュで①のティシュを包み込む。

③絵の具をつけて色をつける。

ちょこっとスキル

❶ティッシュを丸める。

❷丸めたティッシュを別のティッシュで包み込む。

❸絵の具をつけて色をつける。

なんのためのスキル？

- 簡単にタンポを用意するため。

タブレットでわかりやすい「簡単構図の確認」

こんなことありませんか？

風景画や人物・ものを描く上で「三分割法」を意識することで安定感のある構図にすることができます。三分割法とは，縦横に三分割した交点にデザインとして重要なものを配置することです。重要なものは，線と線がぶつかったところに配置します。しかし子どもに「三分割法」を意識させることはなかなか難しいものです。そんな時は，タブレットのカメラにあるグリッドの機能を使って構図を決める練習をしてみてはいかがでしょうか。

スキルの使用例

お気に入りのものの絵を描きます。構図を意識して絵を描かせたいと思ったのでこのスキル。

「線と線が交わったところにポイントとなるものを配置しましょう！」

三分割法を子どもに教えた後にタブレットのカメラにあるグリッドの機能を使って，色々な写真を撮ってきてもらいました。

子どもの写真を共有しながら構図について話し合うことで，絵を描く時も構図を意識することができました。

ちょこっとスキル

❶三分割法を子どもに教える。

❷タブレットのグリッド機能を使って写真を撮る。

❸子どもの撮ってきた写真で構図について話し合う。

なんのためのスキル？

- 三分割法を意識して絵を描くため。

歯ブラシ１本でできる
「簡単スパッタリング」

こんなことありませんか？

図工の時間にスパッタリングをします。ブラシや網を用意して取り組むのですが，準備や片付けに時間がかかってしまったり，ボタッと大きな水滴を落としてしまったりします。

そんな時，歯ブラシ１本で簡単にスパッタリングをすることができます。

スキルの使用例

図工でスパッタリングを使って作品を仕上げます。

そんな時にこのスキル。歯ブラシ１本でスパッタリング。

歯ブラシのブラシ部分を人差し指で弾くようにして絵の具を飛ばすのがコツです。歯ブラシ１本でスパッタリングをすることは子どもにとってハードルが低く，思い切った作品を作りあげることができました。

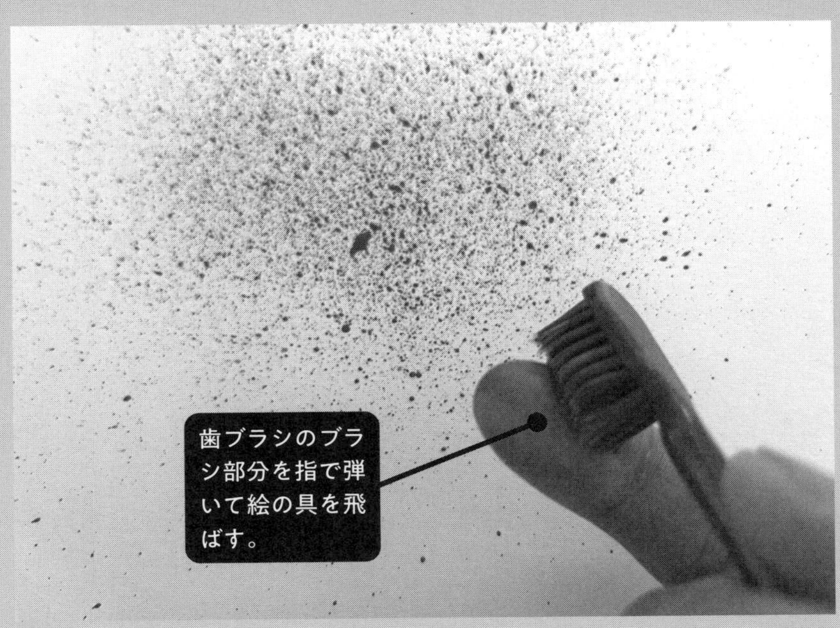

ちょこっとスキル

❶必要な子に歯ブラシを配る。
❷歯ブラシに絵の具をつける。
❸練習用の紙に試し撃ちをする。
❹本番用の紙にスパッタリングをする。

なんのためのスキル？

・手軽にスパッタリングをするため。

色彩感覚を養え，やり直しも簡単
「タブレットで塗り絵」

こんなことありませんか？

一生懸命に絵を描いてきたのに，絵の具で失敗して台なしになった経験はありませんか？

多くの場合，絵の具での失敗は取り返しがつかなくなります。重ね塗りで修正しても限界があり，子どもたちにとっては一発勝負です。

しかし，手軽に色塗りをしようと思っても教師の手間が増えます。印刷や完成した絵の処理などです。

身近で手軽に塗り絵ができたらいいなと思っています。

スキルの使用例

無料の塗り絵用画像をいくつかダウンロードします。それらを組み合わせてデジタル上（ロイロノート）で共有します。あとは，ペンの色や太さを選んで子どもたちが着色をするだけです。

デジタル塗り絵では色を消すことができます。場合によっては「全消し」で一発リセットも可能です。

何度でもやり直しが効くので，子どもたちも丁寧かつチャレンジングに活動することができます。色の組み合わせのイメージを掴んだり，グラデーションや陰影のつけ方の練習にもなります。

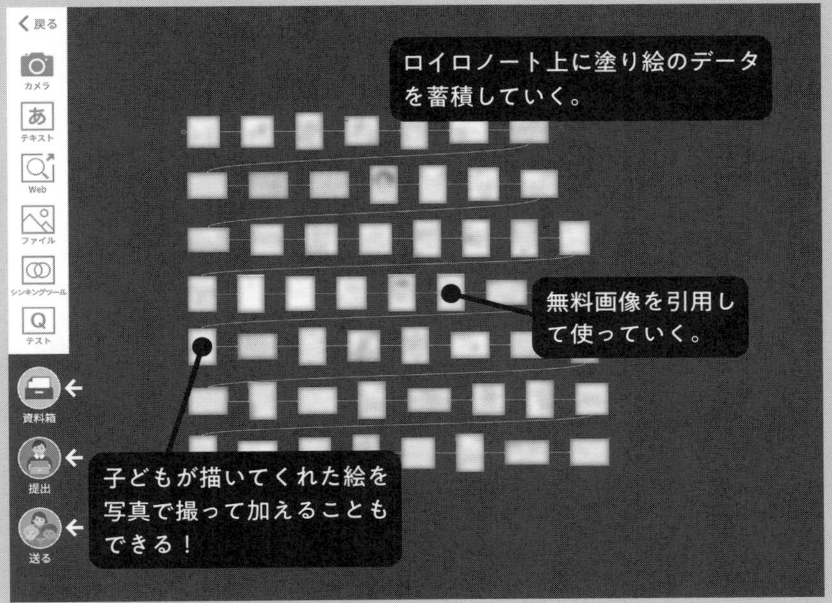

＊ロイロノート・スクール（ロイロ）

ちょこっとスキル

❶ロイロノートに塗り絵のデータを蓄積する。

❷隙間時間を使って活動させていく。

❸着色のイメージや，陰影などの効果も掴ませる。

なんのためのスキル？

- 配色のイメージをもたせるため。
- やり直しができる塗り絵で色彩感覚を養うため。

作品を手軽に見合える
「作品は動画で提出」

こんなことありませんか？

図工の作品では，転がしたり動かしたりするような作品を作ることがあります。しかし，作りが甘かったり，たくさん動かしてしまうことで壊れることも少なくありません。

教師が評価する時には「壊れました。」といったケースもあり，お互いに残念な気持ちになることもしばしば……。

また，下校時に机上に置かせていくなど，評価の手間も大きな課題です。

スキルの使用例

タブレットを利用して，動画を撮影するようにします。定点で撮影したり，友達同士で撮り合ったりします。

自分の作品を自分で動かすので，壊れても自分で責任を取ることができ，動いている様子は，デジタル上で共有できるので，友達同士で見合うことも可能です。

撮影した動画は，デジタル上の提出箱などに送るようにさせ，教師はそのデータを一括管理することができます。評価にも活用できるでしょう。

また，タブレットを家庭に持ち帰って保護者に見せることで，鮮度の高い情報を家庭に届けることもできるでしょう。

＊ロイロノート・スクール（ロイロ）

ちょこっとスキル

❶作品を動かしている様子を動画で撮影し合う。
❷その動画を提出させる。
❸友達同士で共有して見合う。

なんのためのスキル？

①友達同士の作品を手軽に見合うため。
②教師の評価材料として残しておくため。

安心して着色できるようになる
「試し塗り用の裏紙」

こんなことありませんか？

「先生，画用紙もう１枚もらえますか？」そんな子が必ずいます。理由を聞いてみると，絵画の着色を失敗したというのです。

例えば，思ったよりも暗かったとか水分量が調節できずに，薄すぎたり濃すぎたりする場合もあります。

小さめの画用紙ならよいのですが，四ツ切りサイズの絵画となると，下絵にもある程度時間をかけています。

「今からやり直すには……」と教師も子どもも落ち込んでしまうことはありませんか？

スキルの使用例

印刷室から，裏紙を何枚かもらっておきます。可能なら，机上に置いても幅を取らないようにＡ５サイズほどに裁断しておくとよいでしょう。

そして，着色の前に一度試し塗りをするようにします。紙はこまめに変えられるように，多めに用意しておきます。

この時，本時用にゴミ袋を１枚用意しておくと便利です。試し塗りをした用紙が乾く前に日常使いのゴミ箱に入れてしまうと，汚れてしまうことがあるからです。

片付けまで意識して使うとよいと考えています。

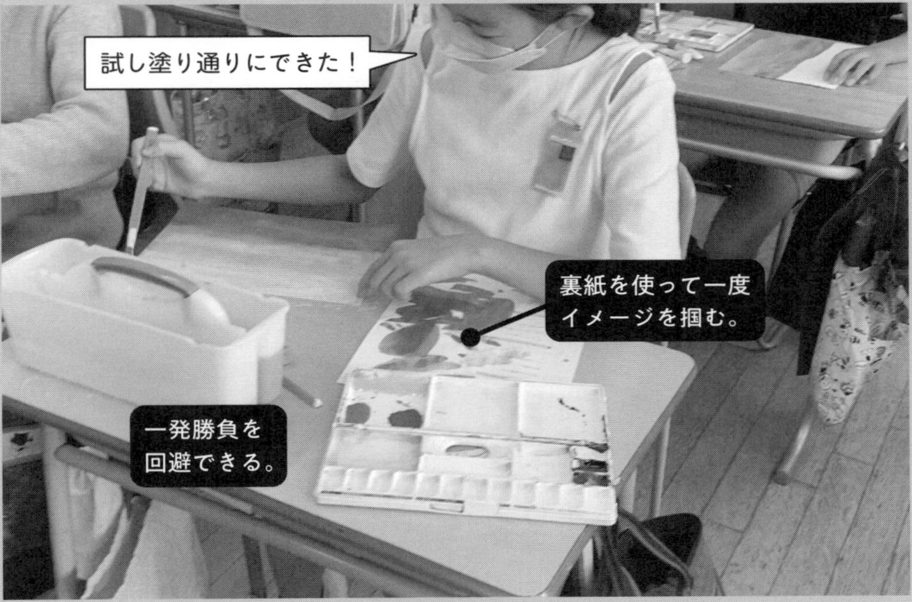

試し塗り通りにできた！

裏紙を使って一度
イメージを掴む。

一発勝負を
回避できる。

ちょこっとスキル

❶試し塗り用の裏紙をたくさん用意しておく。

❷着色前に試し塗りをするように指示しておく。

❸イメージを掴んでから塗るようにする。

なんのためのスキル？

- 一発勝負の着色にしないため。
- 安心して着色できるようにするため。

ミシンのセッティングがわかる「上糸6ポイント・下糸3ポイント」

こんなことありませんか？

家庭科の指導で難しいのがミシンの糸のセッティング。あんなに説明したしたのに，

「先生！　できません！」

と，子どもから言われ，結局は教師がミシンの上糸と下糸をセッティングすることはありませんか？　そんな時は，ミシンの上糸と下糸のセッティング方法をまとめ，掲示しておくことで子どもたちだけでセッティングができるようになります。

スキルの使用例

ミシンの指導が始まります。教科書を使った説明だけではわかりづらいと思ったのでこのスキル。

「ミシンの上糸６ポイント」

「ミシンの下糸３ポイント」

ポイントを端的にまとめ，教科書と合わせて説明をしたあと，ポイントを掲示しておくことで，自分たちの力で上糸のセッティングができるようになりました。

掲示物を使って使い方を確認！

掲示物を確認しながら自分でセット！

上糸６ポイント
①立て棒に糸こまをセット
②糸案内に糸をかける
③糸道の下までかけてから
糸を上へ引っぱる
④天びんに糸をかける
⑤針のすぐ上の糸かけに糸をかける
⑥針穴に手前から奥へ糸を通す

下糸３ポイント
①右手にボビン
②左手に糸
○ ×
左手 左手
③糸の向きは変えず
セットする

ちょこっとスキル

❶「上糸６ポイント」と「下糸３ポイント」の掲示物を作る。
❷教科書と合わせてポイントを確認する。
❸掲示物を見ながら糸をセッティングさせる。

なんのためのスキル？

・上糸と下糸をセッティングするポイントをおさえるため。
・子どもの力でミシン糸のセッティングができるようにするため。

目で見て確認できる「タブレットで調理のポイント説明」

こんなことありませんか？

家庭科では，手元を見せながら調理の説明をしたい時があります。

子どもたちを前に集めたり，家庭科室に備えつけてある鏡を使ったりして説明するのですが，全員に手元を見せることはできません。

そんな時は，タブレットを使い，手元をモニターに映してみてはいかがでしょうか？　見るポイントを拡大することができるので，どの子にもわかりやすく説明することができます。

スキルの使用例

味噌汁の具材で使うネギの切り方を説明します。

包丁の動かし方を説明しようと思ったのでこのスキル。

「手元をタブレットで拡大する」

子どもにタブレットを持ってもらい，手元を映しながらネギを切りました。子どもたちに包丁の具体的な動きを見せることができたので，スムーズに包丁を扱うことができました。

※タブレットは，固定スタンドを使うのも効果的です。

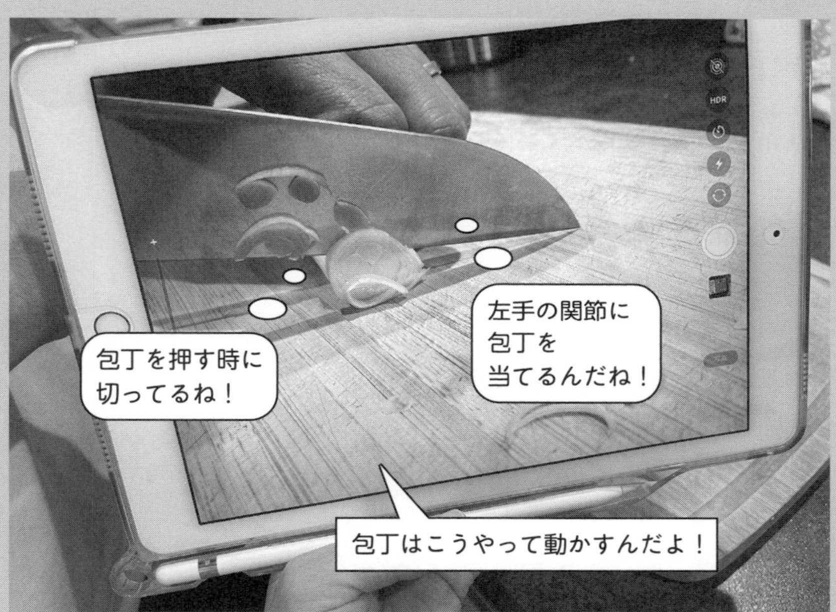

ちょこっとスキル

❶タブレットで手元を映す。

❷モニターで拡大しながら実演する。

❸切りながらポイントを説明する。

なんのためのスキル？

・作業を具体的にイメージさせるため。

少しだけ濡れ拭きできる「半濡れぞうきん」

こんなことありませんか？

掃除の仕方の学習です。

ぞうきんを使って濡れ拭きで掃除をします。掃除場所によっては，ぞうきんを全部濡らしてしまうと濡れすぎになってしまい，かえって掃除がしづらくなってしまうなんてことはありませんか？

そんな時は，ぞうきんを半分だけ濡らして絞ってみてはいかがでしょう？

乾拭きよりは湿っていて，濡れ拭きよりは乾いている状態になります。

スキルの使用例

ぞうきんで棚の上の拭き方を教えます。埃が少しある程度で，あまり濡らさない方がきれいになるくらいの汚れ方だったのでこのスキル。

「半濡れぞうきんで掃除しましょう」

このように絞ることで，水分が丁度よく全体に行き渡り，半濡れ状態のぞうきんになります。半濡れのぞうきんで拭くことで，拭き筋もできずに埃をきれいに拭き取ることができました。

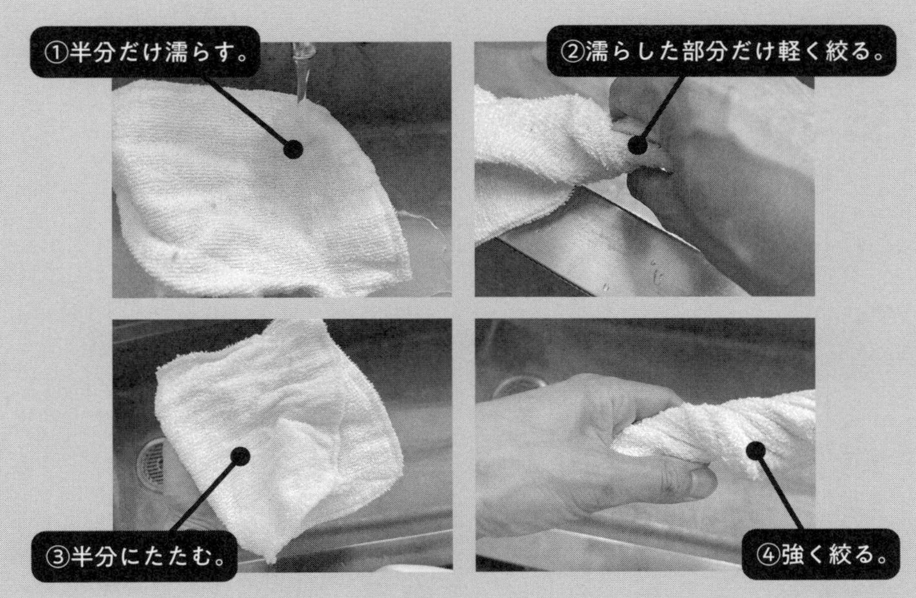

ちょこっとスキル

❶半分だけぞうきんを濡らす。
❷濡らした部分だけ軽く絞る。
❸ぞうきんを半分にたたむ。
❹たたんだ状態で最後にもう一度強く絞る。

なんのためのスキル？

・少しだけ濡れたぞうきんで掃除するため。

調理実習であると便利「紙コップ」

こんなことありませんか？

家庭科における調理実習は，子どもたちが楽しみにしているイベント的な学習です。教師も，子どもたちの生き生きとした活動の様子を楽しみに計画するでしょう。

しかし，子どもたちの人数や班の数が多ければ多いほど，その準備は大変になります。活動をスムーズに進めるため，事前準備も片付け処理も労力が必要です。

あれがたりない，これを追加してほしいなど，さっと材料などを小分けにできればとても便利ですが，その都度洗い物が増えることも懸念されます。

スキルの使用例

紙コップを用意しておきます。100円で50個は入っているので，一度購入すると年間の調理実習は余裕でカバーできます。

５年生のお茶を淹れる学習では，茶葉を事前に紙コップで小分けにしておきました。そして，急須に残った茶葉をそのまま紙コップに戻してゴミ箱に活用することもできました。

卵料理では，卵の殻入れに使ったり，野菜を切った後の根元や，剥いた皮を入れることもできます。牛乳などの液体も手軽に配ることができます。

いちいち棚から小皿を用意する必要がないのでとても便利です。

ちょこっとスキル

❶必要な材料などを紙コップで小分けにする。

❷班ごとに紙コップから材料を取って活動する。

❸茶葉や剥いた皮，卵の殻などのゴミ箱に活用する。

なんのためのスキル？

- スムーズな分配と片付けにつなげるため。
- 油や牛乳などの材料も手軽に分けるため。

調理の機会を増やし技能を高める「宿題・調理実習」

こんなことありませんか？

年に数回の調理実習。計画を立てて当日に臨むも，欠席した子がいたり，満足に調理せずに終える子がいたりしたことはありませんか？

多くの教室での班編成が４～６人だとすると，分担しても調理に携わる時間はわずかです。

もちろん，みんなで手分けして美味しくいただくことで，子どもたちの満足感は高まるでしょう。

でも，「調理」の部分ではもう少し作業時間を増やしてあげたいとも思っています。

スキルの使用例

ロイロノート上に課題を出します。「朝食・昼食・夕食・間食」から選べるようにし，まずはキッチンに立つところから始めるとよいでしょう。

宿泊学習前は「カレーライス」を課題に出したり，今週は「朝食」と指定することも可能です。

また，調理実習後に「復習」として同じメニューを作らせることもできます。学んだことを家庭で実践させるのです。

写真や動画で記録させ，レシピなども記録させると，子どもたち同士でそれを見合いながら質が高まっていきます。

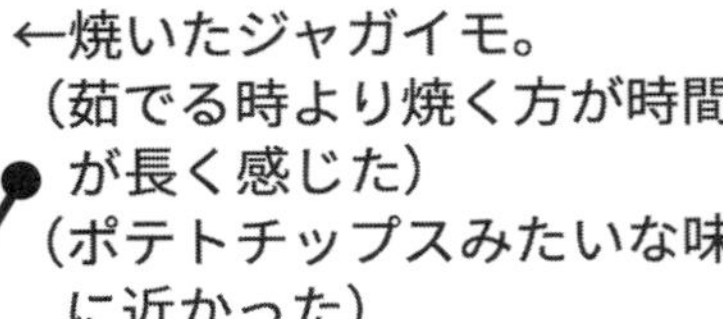

＊ロイロノート・スクール（ロイロ）

ちょこっとスキル

❶ロイロノート上で課題をやりとりする。

❷食事の時間帯の指定や，メニューの指定をしながら作らせる。

❸子ども同士で見合えるようにし，徐々に質を高めていく。

なんのためのスキル？

- 子どもたちに調理の機会を設けるため。
- 子どもたちの技能を高めるため。

掃除のモチベーションを高める「1人1つの道具」

こんなことありませんか？

家庭科で「日常の掃除」と絡めて指導する方は多いと思います。

しかし，学校で確保できる掃除用具には限界があります。必要最低限の用具しか配付されていないことも多く，いざ全員で活動しようと思うと明らかに「数が足りない」なんてことはありませんか？

気持ちは高まっているのに，道具がないとたちまちモチベーションが下がってしまうのが子どもです。

それだけは避けたいと思っています。

スキルの使用例

「１人１つ」を実現するために，まず「メラミンスポンジ」を用意しておきます。100円均一のお店で購入もできますし，学年会計からお金を出すことも可能だと思います。

子どもたちにとって，「１人１つ」のアイテムは確実にモチベーションを高めます。

また，計画が立った段階で，「家庭に協力してもらう」ことも視野に入れておきます。用意できそうな子はプラスαの道具を用意し，それが難しい場合でも学校でメラミンスポンジを手にすることができます。

ちょこっとスキル

❶１人１つのメラミンスポンジを用意する。
❷必要に応じて，家庭への協力を要請する。
❸掃除を実施する。

なんのためのスキル？

- 子どもたちのやる気を活動につなげるため。
- いつもと違う条件で掃除のモチベーションを高めるため。

素早く並べる
「前へならえ！2回」

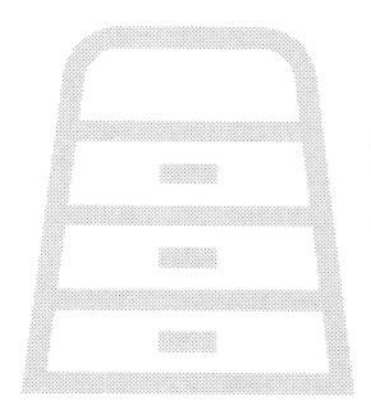

こんなことありませんか？

「気をつけ，前へならえ！」

前へならえの号令をかけました。話を聞いている子はすぐに反応をして整列できたのですが，反応できない子はなかなか整列ができません。そんな時は，号令を２回かけてみてはいかがでしょう？　１回目の号令で反応できなかった子も２回目ではすぐに反応できます。動けなかったことをいちいち指導しなくていいので，スムーズに授業の進行をすることができます。

スキルの使用例

「気をつけ，前へならえ！」

列を整頓させようと号令をかけました。半分くらいは号令にすぐに気がつき，列を整頓できたのですが，残りの半分は気がついていません。そんな時にこのスキル。

「なおれ。もう一度整頓します。気をつけ，前へならえ！」

１回目の号令で気がつかなかった子も，２回目では気がつき，素早く列の整頓をすることができました。

なおれ。もう一度整頓します。

２回目は１回目より
速くやろう。

今度は全員で！

ちょこっとスキル

❶「前へならえ」の号令をかける。
❷半分くらいの子が気がついて整頓ができたことを確認する。
❸「なおれ。もう一度整頓します。前へならえ！」と２回目の号令をかける。

※体育係など，子どもに教えても効果的です。
※一度で素早く並べれば，２回目は必要がありません。

なんのためのスキル？

・素早く整頓するため。

目で見て流れを確認できる「体育の流れカード」

こんなことありませんか？

「先生，次なんでしたっけ？」

授業が始まると，ジョギングをしたり準備運動をしたりなど，その学校である程度決まっている流れがあります。しかし，子どもはその流れをよく理解しておらず，教師に確認しながらでないと進められないということはありませんか？　そんな時は，カードを使って体育の流れを確認できるようにしてみてはいかがでしょうか？

スキルの使用例

授業が始まり，最初に整列して集団行動，次に準備運動をします。まだこの流れがわかっていなかったのでこのスキル。

「カードを見て自分たちで動きましょう」

体育館のホワイトボードに，授業の流れがわかるようにカードを貼りました。子どもたちは，そのカードを見ながら自分たちで声をかけ合い，授業を進めることができました。

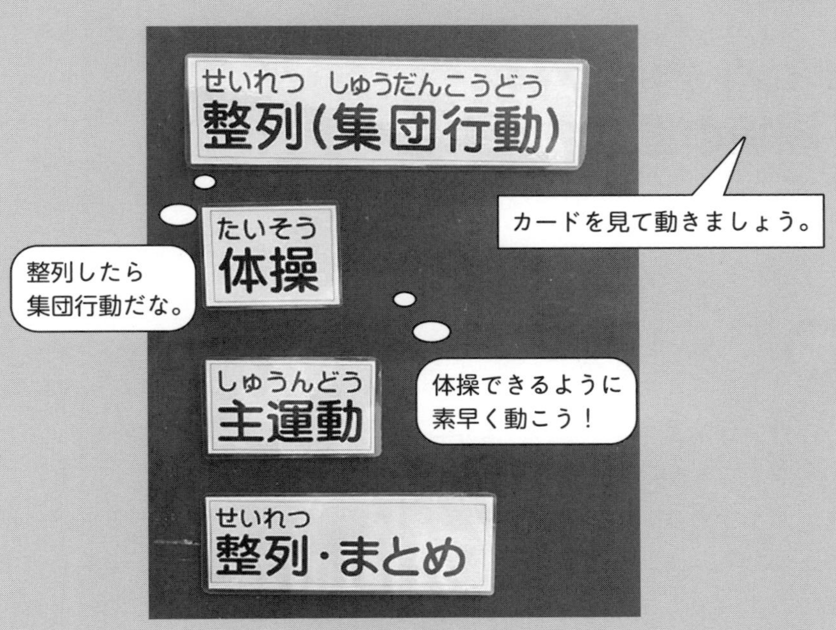

ちょこっとスキル

❶体育の流れがわかるカードを作る。

❷子どもから見える位置にカードを貼る。

❸カードを見ながら学習を進める。

なんのためのスキル？

・決まった流れで学習を進めるため。

※体育の得意な友人の先生に教えていただきました。

ポイントが明確になる
「黒板の言葉で教え合い」

こんなことありませんか？

体育の技術指導をする際，友達同士で教え合い活動をします。しかし，体を動かすことを言語化することは難しく，うまく伝えられないことがあります。そんな時は，黒板の言葉を使った教え合い活動をさせてみてはいかがでしょうか？　使う言葉が明確になり，教え合い活動が充実します。また，授業の流れの中でおさえられている言葉なので，授業の流れに沿った教え合い活動になります。

スキルの使用例

体育のマット運動で後転の指導をします。授業の中で次の５つのポイントをおさえ，黒板に書きました。

①手は耳の横　　②おしりを踵から離して下ろす
③体を丸めて勢いよく転がる　　④指先から手の平をつける
⑤手で押して，起き上がる

練習を進めていくと，得意な子とそうでない子が出てきます。そんな時にこのスキル。

「黒板の言葉を使って教え合いをしましょう」

黒板に書かれたポイントをおさえた言葉を使うことで，子ども同士の教え合い活動が充実しました。

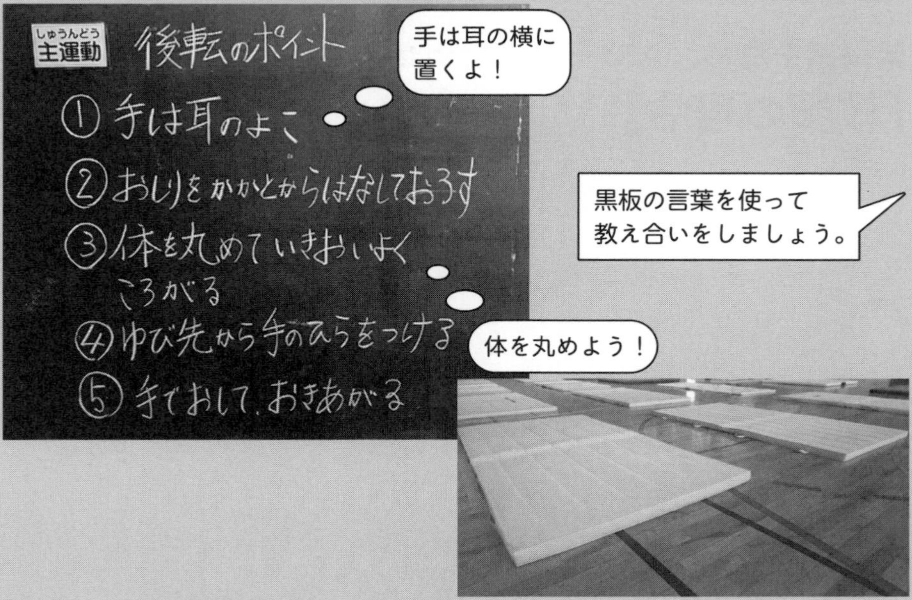

しゅうんどう
主運動

後転のポイント

①手は耳のよこ

②おしりをかかとからはなしておろす

③体を丸めていきおいよく
ころがる

④ゆび先から手のひらをつける

⑤手でおして、おきあがる

手は耳の横に
置くよ！

黒板の言葉を使って
教え合いをしましょう。

体を丸めよう！

ちょこっとスキル

❶運動のポイントを黒板に書く。

❷黒板に書かれたポイントの言葉を使い，教え合い活動をする。

なんのためのスキル？

・ポイントをおさえた教え合い活動をするため。

緊張感を高め，スピード感を出せる
「教師の号令」

こんなことありませんか？

体育館やグラウンドに出ると，教師の声が通りにくくなる。子どもたちの集合や整列が遅くなったり，後ろの子たちがダラダラしている。そんなことはありませんか？

加えて，日直の子の声が小さく，全体に届かない場合があったり，それによってやり直しをさせたりすることもありませんか？

多くの子が楽しみにしている体育こそ，授業をサッと始められたらいいなと感じています。

スキルの使用例

体育の授業は「教師が号令をかける」というルールを決めてしまいます。整列も集合も，ある程度教師が仕切って行い，その場を掌握してしまうのです。

これによって，全体の人数を把握したり，子どもたちの顔色や体調を観察することもできます。ダラダラと整列していてはできないことです。

号令を覇気のある声で行えば，全体の緊張感も高まり，事故や怪我の防止にもつながります。

スピーディに授業が進むので，子どもたちの満足度も高まるでしょう。

ちょこっとスキル

❶集合したら，教師が号令をかける。
❷大きめの声でスピード感をもって号令をかける。
❸やり直しもパッとスピーディーに行う。

なんのためのスキル？

- 子どもたちの人数や健康状態を掌握するため。
- 適度な緊張感で事故や怪我を防ぐため。

実技の見取りがグッとスムーズになる「出席番号の活用」

こんなことありませんか？

体育の時間，子どもたちの実技を確実に見取りたいと思っています。

しかし，安全面の配慮から死角ができないように気をつけ，30人の子どもたちを追いかけて見ていくのは容易なことではありません。

だからと言って，全員を座らせて１人ずつ実技テストを行うこともしたくありません。50点，90点と，点数を公開されているようなものだからです。それに，時間がいくらあってもたりません。

子どもたちの運動量を確保しながら，教師が手軽に見取る方法があればと思っています。

スキルの使用例

例えば，跳び箱４列やマット５列など，いくつかのグループに分けて練習する時，１～８番，９～16番，17～24番，25～33番のように，出席番号順で整列させます。

場合によっては先頭の子にビブスを着せ，番号順に並ばせます。こうすることで，グループを固定してしまうのです。

番号順で実技に取り組ませる中で，教師は列ごとに注目しながら，順番通りに名簿にチェックしていきます。

番号順に記録でき，見落としも減るのでスムーズに評価できます。

ちょこっとスキル

❶番号順に列を指定して練習させる。
❷場合によっては，先頭の子にビブスを着せて目立つようにする。
❸番号順に実技をチェックしていく。

なんのためのスキル？

- 子どもたちが秩序を保って練習に取り組めるようにするため。
- 子どもたちの見取りをスムーズに行うため。

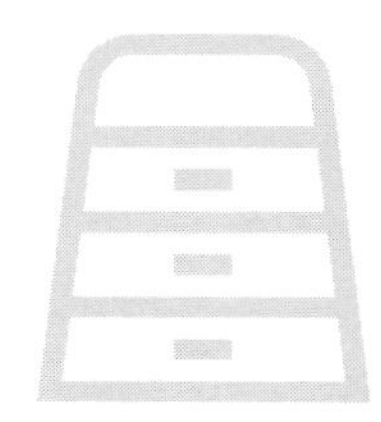

子どもの集中力を高める
「壁を背にした集合」

こんなことありませんか？

体育館や校庭で集まる時，どうしても教師の立ちやすさを重視して集まることがあります。

しかし，校庭で朝礼台前に集合すると，子どもたちの目線が定まらないことがあります。子どもたちの目線は校舎に向かっているので，他のクラスの子どもたちの動き（低学年がベランダで作業しているなど）が見えてしまったり，６校時の場合は下校している学年がいることもあります。

そこで，子どもたちの集中力を保ったまま話ができる方法を考えてみました。

スキルの使用例

体育館では，必ず壁を背にして集合させます。グラウンドでは，極力「動かないもの」「人通りが少ない方向」を意識して背負うように集合させます（なお，できるだけ教師が太陽を浴びるようにし，子どもが眩しくないように留意します）。

こうすることで，集まった子どもたちの視界には余計なものが入ってこなくなり，集中して話を聞くようになります。

その際，子どもたちは顔をいつも以上に上げて話を聞くので，できる限り短く話をまとめるようにするとよいでしょう。

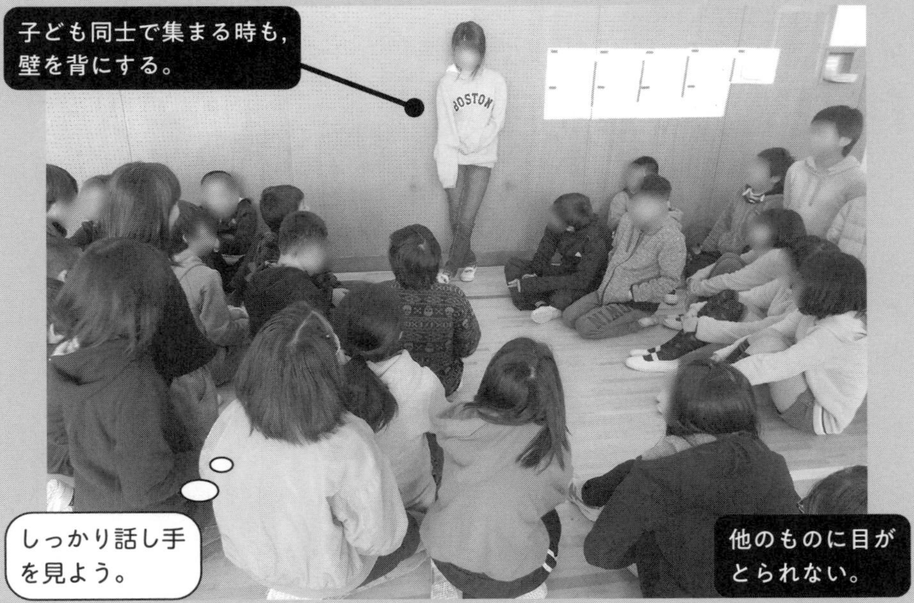

子ども同士で集まる時も，
壁を背にする。

しっかり話し手
を見よう。

他のものに目が
とられない。

ちょこっとスキル

❶話し手が壁を背にするように立つ。
❷話し手を中心に集まるようにする。
❸身体の向きや目線に注意して話を聞かせるようにする。

なんのためのスキル？

- 聞き手の集中力を高めるため。
- 話し手が伝えたいことを伝えやすくするため。

外国人講師と子どもをつなぐ「担任教師の立ち回り」

こんなことありませんか？

外国語の時間に，外国人講師が一緒に指導をしてくれます。外国人講師が説明を始めると，何をしたらいいかわからなくなってしまうことがあります。そんな時は，外国人講師のサポートをしてみてはいかがでしょうか？　例えば，

- 拍手で雰囲気をつくる
- 一緒に英会話を楽しむ
- 子どもがわかっていなそうなら，もう一度話してもらう
- 教科書を開いていないなど，学習に参加していない子どもにつく

などのことができます。

スキルの使用例

"Open your textbook! Page10."

外国人講師がページを開けるように指示をしましたが，開けていない子が数人。その子に教科書を開けるように指示をしました。その後外国人講師は，

"Today! We are going to play a game!"

と子どもたちに言ったので，

"Yeeah."

と言って拍手で盛りあげました。

ちょこっとスキル

❶拍手で雰囲気をつくる。
❷一緒に英会話を楽しむ。
❸子どもがわかっていなそうなら，もう一度話してもらう。
❹学習に参加できていない子のサポートをする。

なんのためのスキル？

・外国人講師と協力して授業を進めるため。

外国人講師と連携できる「とりあえず語尾をリピート」

こんなことありませんか？

外国人講師が学級全体に英語で説明しながら学習を進めます。その時に，

（何をしたらいいかわからない！）

と，困ったことはありませんか？　そんな時は，外国人講師が話した英文の最後の言葉をリピートすることがおすすめです。簡単なかかわり方ですが，自然な流れで外国人講師と英会話をして学習を進めることができます。

スキルの使用例

“Do you like Monday?”

外国人講師が，英会話の中で本日の学習に使う英文を子どもたちに紹介します。英文が終わった時にこのスキル。

“Monday?”

語尾の単語だけを使って反応すると，外国人講師が，

“Yes! Monday.Do you like Monday? What’s mean?”

と，自然な流れで子どもたちに英文の意味を質問しました。すると子どもたちは，

「『あなたは月曜日が好きですか？』です！」

と答えることができました。

ちょこっとスキル

❶外国人講師の横に立つ。

❷英文の最後の単語だけリピートする。

※余裕があれば「Wow!」「Ahh.」「Ok!」などの簡単なリアクションも組み合わせるとさらに楽しい英会話になります。

なんのためのスキル？

- 自然な流れで英会話をしながら学習を進めるため。

効果がバッチリ出る
「英文の練習は後ろから」

こんなことありませんか？

初めて出てくる英文。子どもたちに読ませてもすぐに読むことはできません。英文全体を繰り返し練習するのですが，なかなかうまくならないことはありませんか？

そんな時は，英文の後ろから練習することがおすすめです。英文の最後の単語から１つずつ増やしながら繰り返し練習することで，英文の発音に慣れさせることができます。

スキルの使用例

"Do you like Monday?"
と子どもに発音させたいのですが，子どもたちには難しかったようです。そこでこのスキルを発動。

T 「Monday.」 → C 「Monday.」
T 「You like Monday.」 → C 「You like Monday.」
T 「Do you like Monday?」 → C 「Do you like Monday?」

英文の後ろから一単語ずつ増やしながら練習することで，発音の仕方を習得して話せるようになりました。

Monday.
Monday.
You like Monday.
You like Monday.
Do you like Monday?
Do you like Monday?

ちょこっとスキル

❶英文の最後の単語を練習する。

❷最後の単語から１つずつ増やしながら英文の練習をする。

※苦手な発音の部分はその部分だけを繰り返し練習する。

なんのためのスキル？

- 英文を細かく分けて練習するため。

欠席した子のテストがスムーズ「聞き取り・イヤホンセット」

こんなことありませんか？

外国語を専科の先生にお願いしている学校は多いかと思います。現在勤務している学校もそうです。

そこで問題になってくるのが，欠席した子のテストをいつどのように実施するかです。

１人の子を専科の先生にお願いするのも心苦しく，どこで（場所）実施するかも迷います。

これまでは，廊下に出たり多目的スペースで実施していましたが，どうしてもCDの音が教室に入ってきたり，逆に周りの騒がしさによってCDの聞き取りがうまくいかないケースもありました。

スキルの使用例

４月にテスト用のCDデータをデジタル化し，子どもたちがアクセスできるデータベースに保存しておきます。

そして，万が一欠席してテストを受けられなかった時，そのデータへアクセスしてリスニングのテストを実施できるようにします。

イヤホンを用意しておくことで，確実に聞き取れるだけではなく，周りの子どもたちへの配慮にもつながります。

教室で実施できるので，専科の先生への負担も減らすことができます。

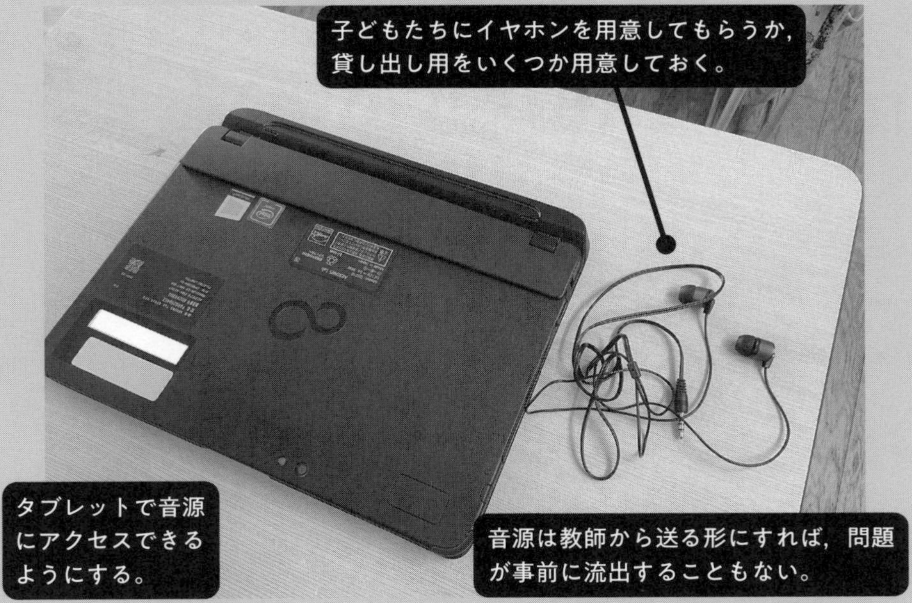

子どもたちにイヤホンを用意してもらうか，
貸し出し用をいくつか用意しておく。

タブレットで音源
にアクセスできる
ようにする。

音源は教師から送る形にすれば，問題
が事前に流出することもない。

ちょこっとスキル

❶テスト用の音源をデータにし，クラウド上に保存する。

❷子どもたちにはイヤホンを用意してもらうか，貸し出し用をいくつか用意しておく。

❸欠席した場合，音源へアクセスしてリスニングのテストを実施する。

なんのためのスキル？

- 欠席した時のテストを効率よく行うため。
- 場所の確保やCDデッキの準備などの手間を省くため。

日常的に英語を用いる機会を増やす
「朝の会でミニ英会話」

こんなことありませんか？

「英語」は「外国語の時間だけ」で使えばよい。そんな感覚になっている方はいないでしょうか。本来であれば，外国語の時間に習った英語を日常生活に生かしていくのが自然だと思います。

しかし，条件つきの外国語指導では，いざ英語が必要になった場合に生きて働かなくなるのではないかと思います。

日常的に，外国語を生かして英会話に臨む態度を育てていきたいと思います。

スキルの使用例

週に２時間程度の外国語の時間は，時間割に「固定」されています。オープニングに交わされる「今日は何曜日？」という質問の答えは，当たり前ですが「いつも同じ曜日」です。本校はいつも「チューズデー」です。

そこで，「今日は何曜日？」「調子はどう？」など，簡単なやりとりをいくつか用意しておき，「朝の会」のちょっとした時間に交流させていきます。

不定期に行うことで，「外国語の時間限定」の「曜日のやりとり」がなくなります。「今日は何曜日……？」と，頭で考えて話すことができます。

全員で答える一斉学習とは違って，隣近所の友達と同時多発的に活動できるので，精神的なハードルも下がります。

今日は，金曜日！

Goodmorning! How are you?

What day is it today?

ちょこっとスキル

❶あいさつを交わす。

❷曜日や調子を尋ね合う。

❸ハイタッチして次の人と交流する。

なんのためのスキル？

- 日常的に英語を話す機会を増やすため。
- 作業的英会話ではなく，実用的英会話にしていくため。

ライティング量を保証する
「オリジナル英習罫プリント」

こんなことありませんか？

小学校高学年になると，外国語が始まります。教科化されたことで，ライティングが求められるようにもなりました。

中学年でアルファベットを習っているものの，本格的に書き始めるのは5年生からになるでしょう。

そんな時，英語ノートだけではどうしてもライティングの量がたりないように感じます。多くて３回。それでは，どうしても子どもたちのライティングの技能が高まらないばかりか，張り切ってやる気を出している子どもたちの意欲を挫くことにもなりかねません。

もっと個人のレベルに合わせて書き進められたらいいなと思っていました。

スキルの使用例

エクセルを使って，英習罫（えいしゅうけい）プリントを自作していきます。英習罫とは，その名の通り，英語を学習するための点線と実線で構成された４本線のことです。皆さんも使ったことがあると思います。

最近では，小学生用に真ん中の幅だけが太い罫線ノートも売っているようですが，エクセルで作ると，線の幅を自分で設定できます。

子どもたちの実態に合わせて数パターン作ることも可能になります。

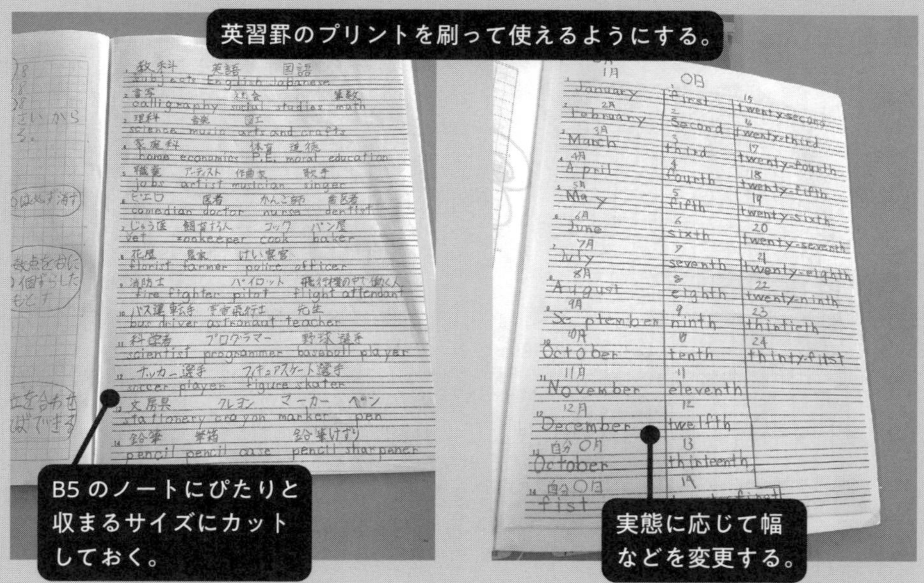

ちょこっとスキル

❶エクセルで子どもたちの実態に合わせて幅を決めた英習罫のデータを作る。

❷B5サイズに印刷する。

❸余白を切ってノートに貼れるようにしたり，穴を開けてファイリングしたりできるようにしておく。

なんのためのスキル？

- 子どもたちの外国語のライティング技能を高めるため。
- 子どもたちの意欲に合わせてたくさん練習できるようにするため。

話し合いを加速させる
「教師がワルモノ」

こんなことありませんか？

道徳の授業をしていると，子どもたちはきれいな意見を発言します。きれいな発言をするのはいいのですが，

（少し曲がった意見があるともっと話し合いは盛りあがるのに……。）

と，思うことはありませんか？　そんな時は，教師がワルモノになり，曲がった意見を言ってみてはいかがでしょうか？

スキルの使用例

「お母さんのせいきゅう書（ブラッドレーのせいきゅう書）」という教材で授業を展開します。子どもたちはお母さんが子どもに渡した０円の請求書を見て，その理由を考えています。そんな時にこのスキル。

「先生なら，ラッキー！　ただならこれからもたくさんやってもらおう！って思うなぁ。」

と，わざと発言しました。すると，

「お母さんの気持ちを考えてほしいです！」

と，教師に反対する意見がたくさん出され，家族愛について深く考えることのできる話し合いをすることができました。

ちょこっとスキル

❶教師がわざとワルモノになる意見を言う。

❷子どもにおかしなところを追求してもらう。

なんのためのスキル？

・反対の意見をもとに話し合いを深めるため。

成長が明確になる「振り返りテンプレート」

こんなことありませんか？

道徳は，生命を大切にする心や他人を思いやる心，善悪の判断などの規範意識等の道徳性を身につける上でとても大切にされています。しかし，心や規範意識等は目に見えないので，授業を通してどのように成長したか見取ることがとても困難です。

そんな時，児童の内面が明確になる振り返りテンプレートを使ってみてはいかがでしょうか？

スキルの使用例

「短所も長所」という教材を取り扱った授業をしました。授業を通して，子どもたちは自分の短所は長所にもなると気づきました。そして，人をほめることで短所が長所にもなることに気づかせてあげられるという話し合いで盛りあがりました。子どもの心の変容を知りたいと思ったのでこのスキル。

「振り返りテンプレート」

①今までは

②わかったこと

③これからは

テンプレート（型）を使うことで，授業を通して，どのように心が変容したのか読み取ることができました。

①今までは
②わかったこと
③これからは

型の掲示物を作って貼り出す。

短所も長所

今までは人の良いところをほめることはあまりありませんでしたが、今回の授業で言われた人はうれしいし、短所だと思ってたことを長所だと教えてあげることもできることがわかりました。なのでこれからはもっと人のことをほめようと思います。

型はあるが，内容は子どもごとに変わる。

ちょこっとスキル

❶振り返りの型を与える。
❷子どもに振り返りを書いてもらう。
※授業の最後に振り返りを読む時間を取ると，友達同士の意見が聞けてより授業が充実します。

なんのためのスキル？

・子どもの変容を読み取るため。

子どもに合った文になる「所見は振り返りから」

こんなことありませんか？

道徳の成績は，記述式によるものです。子どもの内面に寄り添った文にしたいのですが，一人一人違う文にすることは難しいものです。

そんな時，子どもの振り返りをもとにして所見を書くことがオススメです。スキル59で紹介した振り返りの型を使って書いてもらった振り返りをもとにすることで，その子の変容が読み取れる所見を書くことができます。

スキルの使用例

通知表で道徳の所見を書きます。その子に合った所見を書きたいと思ったのでこのスキル。

「所見は振り返りから」

振り返りを通して，その子が授業で気づいた「短所だと思ってたことを長所だと教えてあげることもできる」ことについて，次のように所見に書きました。

「『短所も長所』では，話し合いを通し，その人が短所だと思っていることを長所だと教えてあげることが大切だと気づき，人をほめていこうと意識を高めることができました。」

振り返りをもとにすることで，その子に合った内容で具体的に所見を書くことができました。

短所も長所
今までは人の良いところをほめることはあまりありませんでしたが、今回の授業で言われた人はうれしいし、短所だと思ってたことを長所だと教えてあげることもできることがわかりました。なのでこれからはもっと人のことをほめようと思います。

子どもの振り返りを用意する。

道徳
「短所も長所」では、話し合いを通し、その人が短所だと思っていることを長所だと教えてあげることが大切だと気づき、人をほめていこうと意識を高めることができました。

振り返りをもとに所見を書く。

ちょこっとスキル

❶子どもの書いた振り返りを用意する。

❷振り返りに書かれた言葉を使って所見を書く。

なんのためのスキル？

・子どもに合った所見を書くため。

学習への心構えができる
「内容項目を確認」

こんなことありませんか？

「道徳の授業って何を学ぶのかわからない。」「国語の授業とどう違うのだろう。」そう考えたことはありませんか？

若い頃の私は，「道徳の副読本は読んでおけばいい」と教わったことがありました。道徳が教科化されるずっと前のことでした。

しかし，いざ教科書が配られ，成績をつけなければならなくなった時，何を学んだのかはっきりしませんでした。きっと，子どもたちも同じような状態だったと思います。

スキルの使用例

できれば道徳の学習をスタートする前のオリエンテーションで実施できるとよいと考えています。

高学年であれば22項目を確認してみてください。道徳の教科書の裏表紙に「内容項目一覧」が載っているはずです。主題も記載されているでしょう。

これらを板書し，A～D の領域や，それぞれの項目について簡単に説明していきます。言葉が難しければ言い換えて説明し，子どもたちと共通理解を図ります。

そして，次週以降は，「今日はこの内容項目を学ぶ」ということを明確に打ち出すようにしていきます。

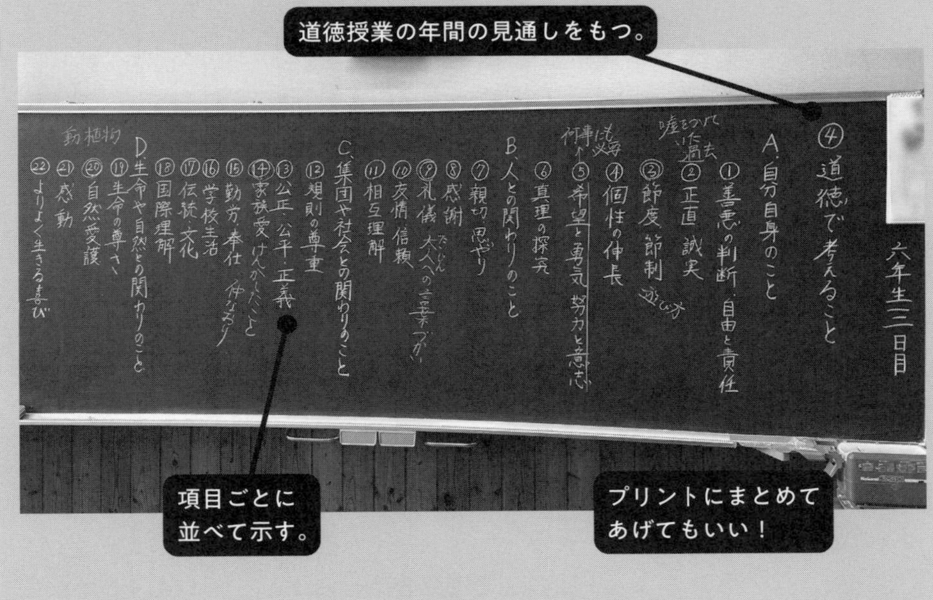

ちょこっとスキル

❶道徳授業の１時間目に行う。

❷学年に応じて言葉の説明を加える。

❸子どもたちの手元に残るようにする（書き残す・プリントを配る）。

なんのためのスキル？

- 道徳の授業で学ぶ内容を共通理解するため。
- 教師も子どもも道徳の学習に対する心構えをつくるため。

振り返り，関わりを感じることができる「教材同士を天秤にかける」

こんなことありませんか？

道徳は，年間35時間を通して子どもたちの心を育んでいくものです。しかし，「単元」のようなまとまりがなかったり，「４領域」を行き来しながら授業を展開していくため，１時間１時間がぶつ切りの授業になってしまうことはありませんか？

きっと，子どもたちは週１回の道徳授業を楽しみにしています。だからこそ，学期ごとに道徳授業を振り返り，一本芯を通してあげることができたら「道徳」としてのまとまりが見えるような気がします。

スキルの使用例

その授業の象徴的な場面をＡ４サイズにして印刷しておきます。

板書の写真は７月２週目に行ったもので，１学期に行ってきた11時間の授業を並べてみたものです。

授業の導入では，１学期の道徳で思い出に残っているものはあるか？という視点で「自分ごと」にしながら授業の内容を振り返りました。

展開では，５年２組に一番必要な道徳はどれか？という問いから，「自分たちごと」にして内容項目を比較検討する時間にしました。

終末では，１学期の道徳を振り返ってというタイトルで作文を書かせました。

ちょこっとスキル

❶導入で思い出に残っている授業を選ぶ。

❷展開で学級に必要な道徳を選ぶ。

❸終末で１学期の道徳を振り返る。

なんのためのスキル？

- 道徳の授業が相互に関わり合っていることを実感するため。
- 内容項目について深い理解や認識を促すため。

本音を引き出せる「授業後のインタビュー」

こんなことありませんか？

授業中に本音が出てこない。なかなか話し合いが盛りあがらない。そんなことはありませんか？

その原因の１つに，本音で話した経験が少ないということが考えられると思います。

しかし，授業の中で全員に本音を言うことほど難しいことはありません。

どうしたら本音で語り合える道徳授業に近づけるのでしょうか。

スキルの使用例

授業後に１人の子を呼ぶようにします。場所は黒板前です。ノートを提出した時に呼び止めてもいいと思います。

そして，「実際どう思ってるの？」と聞きます。すると，子どもは正直な気持ちを話します。授業中ではないという精神的な安心感が言葉を引き出すきっかけになるのです。

話しているうちに周りの子がそれに混ざってくることもあります。その時には「君はどう思っているの？」と聞きます。少人数かつ狭い範囲での話し合いのため，次々と本音がこぼれやすくなります。

そうした場をたくさん経験すると，授業中でも自分の意見を臆せずに言える子どもたちに成長していくのです。

授業中に言えなかったことがある！

板書を使って言わせていく。

でも，この時って，こうじゃないですか？

ちょこっとスキル

❶授業後に子どもを呼んでインタビューする。

❷「実際どう思ってるの？」と聞く。

❸他の子が入ってきたら巻き込む。

なんのためのスキル？

- 授業中に言えなかった本音を引き出すため。
- 本音を話す経験をさせ，次時以降の授業に生かしていくため。

新聞がうまくまとまる「真ん中ドッカン法」

こんなことありませんか？

調べ学習をして学習の成果を新聞にまとめます。しかし，色々なテーマでまとまりがなかったり，見栄えのよいものにならなかったりしてしまいます。そんな時は，新聞の真ん中に画像を配置して，調べた内容をまとめてみてはいかがでしょうか？

真ん中に大きな画像があるので，テーマが絞りやすいです。また，一目見てどんな内容を調べたかわかりやすく，自由度も高いので子どもも楽しみながらまとめることができます。

スキルの使用例

昔のまちなみについての学習をします。校外学習で実際に見たり，タブレットや教科書を使って調べ学習をしたりしました。調べ終わったので新聞にまとめ学習をします。その時にこのスキル。

「真ん中に画像を貼って新聞にまとめましょう」

子どもたちは，タブレットを使って真ん中に一番興味のある画像を貼り，調べた内容をその周りに書いてまとめることができました。

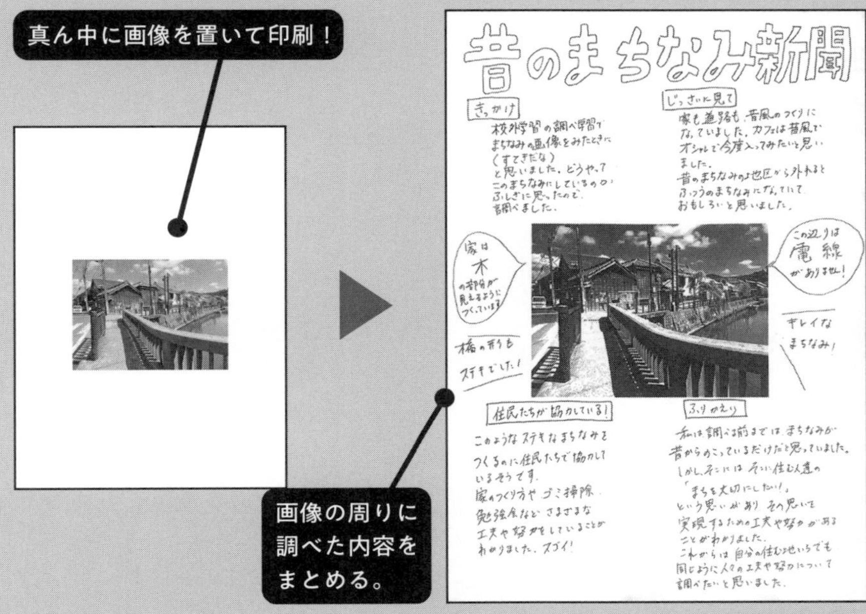

ちょこっとスキル

❶真ん中に大きな画像を配置して印刷する。

❷周りに調べた内容を書いてまとめる。

※まとめ方は，手書きでもデジタルでも，実態に合った方法でまとめるといいと思います。

なんのためのスキル？

- テーマを焦点化してまとめるため。
- 見栄えのよい新聞にするため。

【参考文献】森川正樹著『小学生の究極の自学ノート図鑑』小学館

通知表を意識した授業になる「様子の記録」

こんなことありませんか？

総合的な学習の時間の通知表は記述式です。通知表を書き始めると，

（あれ？　何を書いたらいいんだろう？）

と，悩むことはありませんか。そんな時のために，通知表を意識した授業づくりをしてみてはいかがでしょうか？　例えば，

- 疑問や興味をもったことからの課題づくり
- 図鑑やタブレットを使った調べ学習
- 校外学習や外部講師への質問
- グループ活動による友達との対話活動
- 新聞やリーフレットなどのまとめ　　　など

通知表に書くことのできる活動を意図的に計画に取り込み，様子を記録しておくことで通知表に書くことができます。

スキルの使用例

４年生の校外学習の活動が本格的に始まったのでこのスキル。

「通知表を意識した様子の記録！」

校外学習を通して興味をもった昔のまちなみについて調べ学習をし，新聞にまとめる活動をしました。その様子を記録しておくことで，通知表をスムーズに書くことができました。

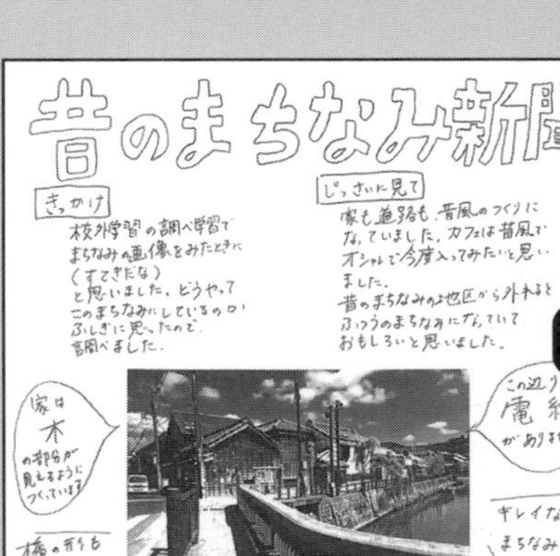

昔のまちなみ新聞

きっかけ

校外学習の調べ学習でまちなみの画像をみたときに（すてきだな）と思いました。どうやってこのまちなみにしているのか、ふしぎに思ったので調べました。

じっさいに見て

家も道路も、昔風のつくりになっていました。カフェは昔風でオシャレで今度入ってみたいと思いました。
昔のまちなみの地区から外れるとふつうのまちなみになっていておもしろいと思いました。

家は木の部分が見えるようにつくっています

この辺りは電線がありません！

橋の形も ステキでした！

キレイなまちなみ！

住民たちが協力している！

このようなステキなまちなみをつくるのに住民たちで協力しているそうです。
家のつくり方や、ゴミ掃除、勉強会などさまざまな工夫や努力をしていることがわかりました。スゴイ！

ふりかえり

私は調べる前までは、まちなみが昔からのこっているだけだと思っていました。
しかし、そこには そこに住む人達の「まちを大切にしたい！」という思いがあり その思いを実現するための工夫や努力があることがわかりました。
これからは 自分の住む地いきでも同じように人々の工夫や努力について調べたいと思いました。

例えば……

総合学習
「〇〇」では、昔のまちなみについて興味を持ち、「どのようにして昔のまちなみにしているか」という課題を持ち、調べ学習をすることができました。

総合学習
「〇〇」では、タブレットを使い、校外学習で訪れた場所の昔のまちなみの保存方法について調べ、必要な情報を選択してまとめることができました。

総合学習
「〇〇」では、校外学習で地域の方の話を聞き、昔のまちなみを保存するのに、工夫や努力をしていることに気づき、新聞にまとめることができました。

ちょこっとスキル

❶通知表に書くことのできる活動を意図的に計画に組み込む。

❷様子を記録しておく。

❸通知表を書く。

※記録したらすぐに通知表を書くことで，具体性のある所見になったり所見を書く負担の軽減につながったりします。

なんのためのスキル？

- 総合的な学習の時間の所見を充実させるため。

わくわく感を高める「コラボシール作成」

こんなことありませんか？

学習の中でファイルを作ったり，ポートフォリオ的にまとめたりすることはありませんか？

そんな時，どうしても「お勉強」の要素が強くなってしまい，わくわく感やイベント感が徐々に損なわれていってしまうことがあります。

また，年間計画があるために，単元名が４月に決まっている場合が多く，しおりの表紙も毎年同じものを使うことがあります。

今年度の子どもたちと，今年しかできないことがしたい。そんな風に思いませんか？

スキルの使用例

Keynote（PowerPoint でもよい）上に使いたい画像を貼りつけ，シールのデザインを決めます。著作権に十分気をつけて画像を使用してください。

デザインが固まったら PDF 化（または画像化）し，Word に貼りつけていきます。A４サイズ１枚に８～10個の画像が入るサイズが個人的にはおすすめです。

A４サイズの光沢紙シールシートを印刷機にセットし，印刷をかけていきます。

仕上がったものは子どもたちにカットしてもらうと時短できます。

お世話になる施設のロゴをお借りする。

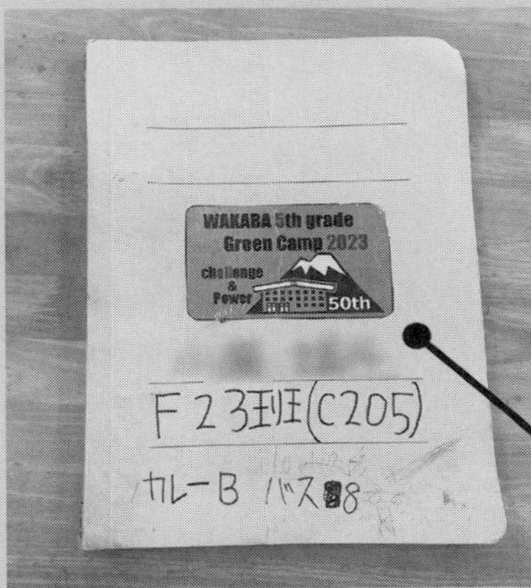

学校の行事名と学年テーマをコラボしてデザインする。

印刷してしおりに貼りつける。

ちょこっとスキル

❶見学先のロゴなどを活用してイメージをデザインする。

❷ Word に貼りつけて光沢紙シールシートに印刷する。

❸子どもたちにカットを手伝ってもらう。

なんのためのスキル？

- 学習へのわくわく感や期待感を高めるため。
- 今年度だけの学習として思い出に残すため。

学級活動が充実する「話し合いテンプレート」

こんなことありませんか？

学級会で話し合い活動をするのですが，数人からしか意見が出なかったり，ずっとおしゃべりをして参加していなかったり，いつも同じ子の意見で決まってしまったりすることはありませんか？　子どもたちの力だけで充実した話し合いを進めることは難しいものです。

学級会を充実させるために，「一人一発言」「話の聞き方」「話し合いの手順」などの話し合いのテンプレートを使ってみてはいかがでしょうか？

スキルの使用例

学級会で話し合い活動をします。子どもたちの力で学級会を充実させたいと思ったのでこのスキル。

「話し合いテンプレート」

①学級会の始め方

②学級会のルール

③進行の仕方

など，話し合いのテンプレートの中に，学級の実態に合わせた進行の仕方を組み込むことで，充実した話し合いができるようになりました。

最初は教師がテンプレートの使い方の見本を見せる。

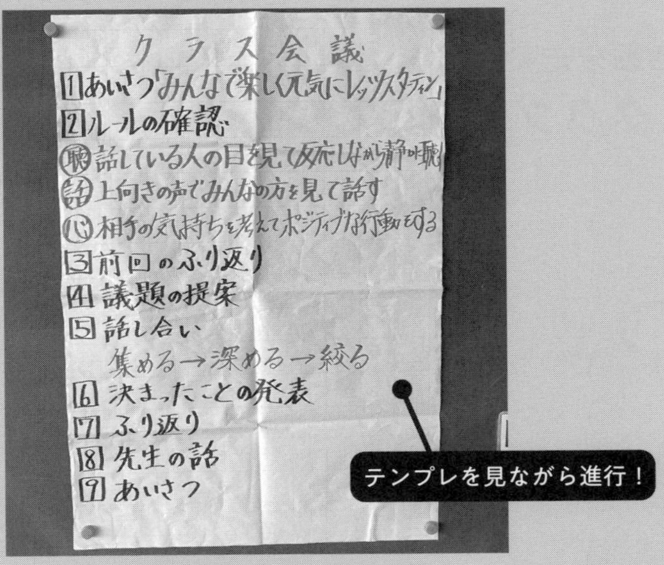

＊「クラス会議」は，赤坂真二先生の提唱するクラス会議をもとにアレンジしています。

ちょこっとスキル

❶話し合いのテンプレートを作る。
❷テンプレートの掲示物を作る。
❸はじめは教師主導でテンプレートを使った話し合いを進行する。
❹慣れてきたら子どもに司会の進行を委ねる。

なんのためのスキル？

・学級会を充実させるため。

【参考文献】赤坂真二著『赤坂版「クラス会議」完全マニュアル』ほんの森出版

活動を充実させる「クラブのグラウンドルール」

こんなことありませんか？

好きなスポーツをしたり，裁縫や調理をしたり，プログラミングをしたり，クラブはとても楽しい活動です。活動が楽しいので，ついつい活動の楽しさにだけ目を向けてしまうことはありませんか？　クラブ活動では「異年齢の児童同士で協力し，共通の興味・関心を追求する集団活動の計画を立てて運営することに自主的，実践的に取り組むことを通して，個性の伸長を図りながら，」資質能力を育むことが学習指導要領に記載されています。クラブ特有の成長ができるよう，子どもたちで話し合い，クラブを通して成長できるグラウンドルールづくりがオススメです。

スキルの使用例

ボールを使った遊びをするクラブが始まります。活動を通して，よいクラブづくりに参画しようとする自主的，実践的態度を育てるために，グラウンドルールの話し合いをしました。

①ポジティブ言葉

②みんなにボールがわたる

③ルールを守る

という３つのグランドルールが決まり，活動を通してよいクラブにしようと行動する雰囲気が生まれました。

みんなが協力できるクラブ
ルール

1位 ポジティブ言葉
2位 みんなにボールがわたる
3位 ルールを守る

最初のクラブ活動で話し合う。

掲示物にし，いつでも意識して活動できるようにする。

ちょこっとスキル

❶クラブの目的を伝える。
❷グラウンドルールの話し合いをする。
❸決まったルールを掲示物にする。
❹いつでもルールを意識して活動させる！

なんのためのスキル？

・子どもたちの力でクラブ活動を充実させるため。

学級会の挙手確認にすぐ効く「ICTでアンケート」

こんなことありませんか？

学級会の中で，多数決をとることがあります。全員参加を促すための手段だと思います。しかし，出された意見に対して手をあげてもらうという単純な活動ですが，スムーズにできないことがあります。

挙手された数をたし算すると，学級の人数にはたりないのです。子どもたちは「その誰か」を探すために「あげてない人は？」と必死になって探します。しかし，そう簡単に見つからないのがこの挙手制です。

何度も確認するうちに，あげている子が「またかよ。」とうんざりし始め，負のループに入ってしまいます。そんなこと，ありませんか？

スキルの使用例

ロイロノートのアンケート機能を子どもたちに教え，使えるようにしておきます。項目の立て方や「単一選択」「複数選択」なども，実態に合わせて教えていきます。

そして，いざ挙手してもらう場面が出てきた時，タブレット上から個人の意見として参加してもらい，結果に反映させていくのです。

子どもたちは，周りの子の意見に流されず，自分の意見をはっきりと示すこともできるようになります。

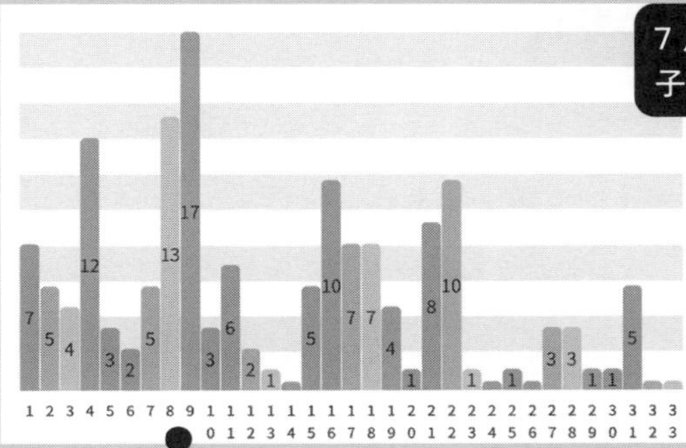

7月の児童会目標に関する学級会の際，
子どもたちがアンケートをとった。

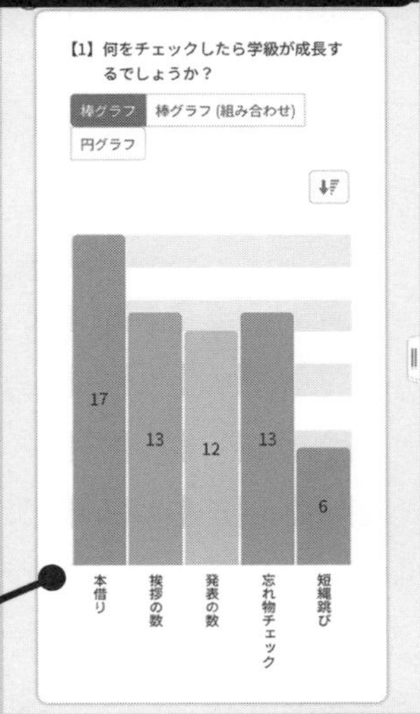

数字と結果がすぐに
反映される。

【1】何をチェックしたら学級が成長するでしょうか？

棒グラフ　棒グラフ（組み合わせ）　円グラフ

本借り 17
挨拶の数 13
発表の数 12
忘れ物チェック 13
短縄跳び 6

項目は子どもたち
が出す。

＊ロイロノート・スクール（ロイロ）

ちょこっとスキル

❶ロイロノートの「アンケート機能」を使う。
❷子どもたちに自由に使わせる。
❸その場でモニターに映して結果を確認する。

なんのためのスキル？

- 学級会の時間短縮のため。
- ICT の活用を促進しながら，全員参加を促すため。

おわりに

「20代にこの本と出会いたかったな。」と思いました。

私が教育書を買い始めたのは30代に入ってからです。
いわゆる「学級経営本」を最初に手にしました。
全教科の本を揃えると単純にお金がかかることと，本が増えてしまうことから，「○○科」のような本ではなく「学級経営本」を購入したのでした。

しかし，本書は1冊で全教科のちょこっとスキルを手に入れることができます。20代で出会いたかった理由です。
そして，今回のちょこっとスキルも「明日使える」スキルが満載です。
本当に価値の詰まった1冊だと感じます。

今回の執筆を終え，これまで書いてきた「ちょこっとスキル」とは違う学びがたくさんありました。
それは，全教科を通して子どもたちを育てていく視点を見出し，その芯を太くしていくことでした。
言い方を選ばずに表現すれば，「広く浅く」書いたことで，全教科を貫いている大切なものに気づかせていただきました。

全教科の授業は「しなければならないこと」です。
学級通信のように「しなくてもいいこと」ではありません。
すべての教師が毎日直面する仕事，それが全教科の授業です。

そんな，毎日行われる授業に寄り添える1冊にすること。
それが，本書に込めた願いでした。

「40代でこの本を出してよかったな。」と思いました。

私自身が足元を見つめ直す時期にあると感じているからです。

最近購入する本は，教育書というよりは自己啓発書であるとか，経営に関する本などが多いからです。

そんな中での本書執筆は，国語，社会，算数，理科……と，各教科の指導を見つめ直す機会になりました。

すると，無意識に行っている指導やこれまでの経験値，見てきたこと，教えていただいたことを，暗黙知のまま教室に導入していることがわかりました。

だから，「40代でこの本を出してよかったな。」と思ったのです。

そんな無意識のスキルを丁寧に紐解いていくと，たかが「ちょこっと」のスキルに，多くの意味を見出すことができました。多くの価値が隠れていることに気づきました。

何より，写真を見返しながら子どもたちの育ちや成長を感じることができました。

本書は，SNS では絶対に感じることのできない子どもの事実で構成されています。

子どもたちの姿があること。教室のリアルを追求していること。そして，私たち２人が実際に教室で行っている事実を示しています。

そんなリアルを感じ，この温度感を，ぜひ先生方の教室でも生み出していただきたいと，心から願っています。

最後までお読みいただき，ありがとうございました。

古舘 良純

【著者紹介】

髙橋　朋彦（たかはし　ともひこ）

1983年千葉県生まれ。現在，千葉県公立小学校勤務。令和元年度第55回「実践！わたしの教育記録」で「校内研修を活性化させる研修デザイン」が特別賞を受賞。文科省指定の小中一貫フォーラムで研究主任を務める。教育サークル「スイッチオン」，バラスーシ研究会，日本学級経営学会などに所属。算数と学級経営を中心に学ぶ。
著書に本シリーズに加え，『明日からできる速効マンガ　4年生の学級づくり』（日本標準）などがある。
［執筆 No.1～3，7～9，13～15，19～21，28～30，34～36，40～42，46～48，52～54，58～60，64～65，67～68］

古舘　良純（ふるだて　よしずみ）

1983年岩手県生まれ。現在，岩手県花巻市の小学校勤務。平成29年度教育弘済会千葉教育実践研究論文で「考え，議論する道徳授業の在り方」が最優秀賞を受賞。県内の学校で校内研修（道徳，ICT 活用）の講師を務めている。バラスーシ研究会，菊池道場岩手支部に所属し，菊池道場岩手支部長を務めている。
著書に本シリーズに加え，『ミドルリーダーのマインドセット』（明治図書）などがある。
［執筆 No.4～6，10～12，16～18，22～27，31～33，37～39，43～45，49～51，55～57，61～63，66，69］

授業づくりサポートBOOKS

授業の腕をあげるちょこっと「全教科」スキル

2024年2月初版第1刷刊 ©著　者　髙橋朋彦
古舘良純
発行者　藤原光政
発行所　明治図書出版株式会社
http://www.meijitosho.co.jp
（企画）佐藤智恵（校正）nojico
〒114-0023　東京都北区滝野川7-46-1
振替00160-5-151318　電話03(5907)6703
ご注文窓口　電話03(5907)6668

＊検印省略　組版所　広研印刷株式会社

Printed in Japan　ISBN978-4-18-264051-3